C

TENSION NERVIOSA

L. Gilbert Little

y

Theodore H. Epp

PUBLICACIONES PORTAVOZ EVANGÉLICO

Cómo vencer la tensión nerviosa, de L. Gilbert Little y Theodore H. Epp, publicado anteriormente bajo el titulo: *Tensión Nerviosa* por Editorial Moody. Publicado 1987 por Editorial Portavoz, filial de Kregel Publications, Grand Rapids, Michigan.

Traducción: Daniel E. Hall
Portada: Don Ellens

EDITORAL PORTAVOZ
Kregel Publications
P. O. Box 2607
Grand Rapids, Michigan 49501 EE.UU.A.

ISBN 0-8254-1443-1

2 3 4 5 6 edición / año 98 97 96 95 94

Printed in the United States of America

CONTENIDO

PRÓLOGO

El Dr. L. Gilberto Little es graduado de la Universidad de Arkansas, miembro de la Asociación Americana de Psiquiatría y de la Asociación Médica Americana. Cuenta con veinticinco años de experiencia como médico psiquiatra, de los cuales pasó tres y medio como médico director del Hospital Hawthornden del Estado de Ohío.

El Dr. Little es cristiano evangélico declarado. Trabaja activamente en la Comisión de Hombres de Negocio Cristianos, y es miembro de la Junta de Directores del Instituto Bíblico Grace, de Omaha, Nebraska. Su consultorio está en la ciudad de Wichita, Kansas.

El aporte del Dr. Little en esta obra cubre un área que tiene características que tomarán de sorpresa a más de una persona ocupada en trabajos cristianos, porque la tendencia en el mundo en que vivimos es creer que la psicología y la psiquiatría tienen la llave de los problemas que, de un modo u otro, nos afligen. El método que sigue el Dr. Little se encuentra en la Biblia misma. Quienes se han sometido a sus enseñanzas, han hallado la feliz liberación de sus tensiones y ansiedades.

Teodoro H. Epp, director de los programas de radio *Back to the Bible* ("Volvamos a la Biblia"), escribió el capítulo final que trata de la causa de los desequilibrios mentales y emocionados que muchos cristianos ignoran. Epp, a igual que el Dr. Little, indica al hijo de Dios que el camino a la victoria se descubre en la obra de Cristo en el Calvario.

No todos los creyentes evangélicos corresponden a la categoría de neurasténicos; pero nadie puede leer las páginas que siguen sin reconocer algunas cosas que le son familiares. Después de terminar el libro, deberíamos comprendernos mejor a nosotros mismos, tener una mayor compasión para quienes nos rodean, y agradecer a Dios la gran salvación que nos brinda en Cristo Jesús.

JUAN I. PATON

1

¿PUEDE LA PSIQUIATRÍA RESOLVER LOS PROBLEMAS DEL ALMA?

Un paciente anciano me preguntó en cierta ocasión: "Doctor, ¿podemos cambiar nuestro modo de pensar cuando somos viejos? ¿Puede cambiarnos la psiquiatría?"

Para la psiquiatría esta es siempre una pregunta inquietante. No es solamente inquietante sino que en la psicoterapia cristiana se torna patética, porque la pregunta sale casi siempre de un corazón no regenerado y que ya parece no encontrar placer en "la concupiscencia de la carne, y la concupiscencia de los ojos, y la soberbia de la vida" (1 Juan 2:16).

Esta es una pregunta muy vieja. Nicodemo, príncipe de los judíos, hombre de gran saber e influencia, preguntó al Señor Jesús cómo podría el hombre cambiar siendo viejo. Jesús le respondió: "Lo que es nacido de la carne, carne es; y lo que es nacido del Espíritu, espíritu es" (Juan 3:6). Nicodemo en su naturaleza carnal no pudo entender las cosas del Espíritu, "porque se han de examinar espiritualmente." "Mas el hombre animal no recibe las cosas que son del Espíritu de Dios, porque le son locura" (1 Corintios 2:14).

El hombre natural, sin regeneración, no puede cambiar su modo de pensar, porque su modo de pensar es antiespiritual; y la persona antiespiritual piensa solamente en sí misma. Cuando miramos a nuestro alrededor y vemos el camino del hombre natural sembrado con desechos neuróticos que son incapaces de cambiar su modo de pensar mediante su propio poder, comprendemos que la naturaleza carnal no puede encontrar la paz en las lujurias de la carne. La naturaleza egoísta del ser humano que no cuenta con la presencia del Espíritu Santo es presa fácil de la cultura satánica.

Enfermedades emocionales - La así llamada nerviosidad

Miles y miles de pacientes sufren conflictos emotivos porque no pueden ajustarse satisfactoriamente al mundo que les rodea. Constituyen entre el 60 y el 75 por ciento de quienes acuden a los consultorios médicos para escuchar el diagnóstico: "Usted físicamente no tiene nada. Todo es cuestión de nervios." Buscan ayuda, liberación de las ataduras satánicas del temor, de la ansiedad y de la preocupación.

Esta clase de esclavitud nunca se presenta en forma instantánea. Siempre es una seducción sutil que abarca toda la vida de la persona. ¿Pueden los pacientes librarse de las coyundas satánicas después de que sus ideas están plasmadas en un molde habitual que ha durado toda una vida? Como mantienen comunión con Satanás, aprendieron a buscar en él, junto con sus placeres y éxitos mundanales, la satisfacción que ofrece esta vida presente para desviar de la preocupación la mente que está llena de ansiedad.

Un comerciante mundanal, empeñado en obtener éxito

por la acumulación de muchos de los bienes que este mundo ofrece, se fijó una meta para sí mismo como la ambición de su vida, en la que puso todas sus ideas y propósitos, al punto que no tuvo más interés que su propio yo. Pero vivía en la continua zozobra del miedo y la ansiedad de que su aventura comercial se viniera abajo. Sintió los síntomas de diversas perturbaciones gástricas sin base orgánica, y sus médicos le aconsejaron: "Usted tiene que dejar su negocio y descansar."

Este paciente siguió una trayectoria típica, característica de personas "nerviosas," y probó distintos remedios esperando encontrar alivio para sus trastornos gástricos y sus diversas tensiones corporales. Los síntomas le metieron temor al punto que se preguntó: "¿Qué sucedería si estos síntomas se agravaran tanto, que los médicos no pudieran aliviarme?" Probó descanso hospitalario, sedantes, inyecciones, vacaciones cortas y largas, las que le ayudaron a preocuparse más porque estaba lejos de sus negocios, que eran todo su amor.

Probó la psiquiatría, creyendo encontrar alivio para los síntomas que tanto lo preocupaban. Pero la psiquiatría le dio un alivio momentáneo solamente. No podía curarlo. Para esta clase de pacientes no hay más que un solo remedio. Cuando aceptan a Jesucristo como su Salvador y creen en la obra que consumó en la cruz del Calvario, encuentran la paz para su alma. Y cuando hay paz en el alma, no existe temor, ni ansiedad ni preocupación.

Muchos pacientes psiquiátricos, como este comerciante, pueden recobrarse física y mentalmente; pero la molestia en el alma permanece y recurre periódicamente para torturar la mente con dudas, ansiedades, temores y tensiones corporales.

Esclavitud satánica

Cristo guía a sus ovejas. Cuando ellas lo siguen, no puede haber ansiedad, temor o preocupación. Pero Satanás arrea a sus esclavos, metiéndoles miedo y ansiedad.

La constante preocupación (nerviosidad) los lleva a buscar descanso en alguna parte y de alguna manera. Satanás ofrece diversiones sin número que apelan a la lujuria de la carne por medio del pecado sensual, que ya no se considera pecado puesto que la terminología de los pecados él la ha modernizado. Por ejemplo: la sodomía ahora se llama homosexualismo; el adulterio se llama amor libre; el ebrio es un alcoholizado respetable; y el asesino está temporalmente insano. Además, Satanás tiene éxito en hacer creer al mundo que el pecado ya no es pecado, empleando maestros apóstatas a quienes seduce para sus fines (Tito 1:16).

"El príncipe de la potestad del aire" siempre está alerta para bloquear a cualquier alma que pueda sentirse tentada a clamar a Dios para que la liberte, ofreciéndole nuevos remedios para "los nervios" y sugiriéndole diversiones diabólicas. Pero todo esto no cambia el modo de pensar; lo único que consigue es distraer por el momento los pensamientos. No libra al paciente de su temor, porque "el temor tiene tormento" (1 Juan 4:18).

Las cosas de la carne lo hacen

La razón y la experiencia aconsejan a la persona no regenerada que cambie sus pensamientos aceptando el alivio que ofrece "la lujuria de los ojos," animando al que tiene cuidados a contemplar la pantalla y deleitarse en una vida de sensualismo, que en la vida corriente no puede cumplir. Millones de personas se divierten por el momento contemplando una lujuria fantástica.

Pero resulta que el conocimiento, el éxito y el poder de este mundo presente no cambian el modo de pensar del corazón. Las cosas que el mundo ofrece alimentan el yo y le brindan la satisfacción personal de que el yo ha hecho tal o cual cosa. Y son muchas las almas no regeneradas que pasan por este mundo impulsadas por el poder activo de "la soberbia de la vida".

Gran número de personas escriben exámenes para determinar sus aptitudes en ciertos tipos de trabajo, con el fin de evitar desengaños y frustraciones. Luego se necesitan largos períodos educativos para alcanzar ciertas metas, todo encaminado a conseguir gloria y dominio en este mundo, acumulando "madera, heno y hojarasca" que serán destruídos por el fuego del juicio de Dios, porque el móvil fue puramente psicológico, el ganar gloria para sí mismo.

¿Está semejante gente feliz y satisfecha? La práctica psiquiátrica prueba lo contrario al observar los desechos neuróticos que son incapaces de satisfacer su alma no regenerada con tales fuerzas impelentes. La totalidad de la vida de esa gente está anclada a este mundo. No buscan "las cosas de arriba, donde está Cristo sentado a la diestra de Dios" (Colosenses 3:1). Todos sus afectos están fijados en las cosas de esta tierra, y escogen vivir "según la carne." El individuo cuyos pensamientos están concentrados en las cosas de la carne, no puede cambiar sus pensamientos o su modalidad, porque su mente carnal no puede separarse de las cosas que son de la carne. Gira en un círculo vicioso.

Las psicologías humanas

¿Nos extraña que los pacientes ansiosos, llenos de zozobras, se vuelvan frenéticos cuando descubren que se hallan entrampados en sus propias lujurias? No tienen esperanza. Viven desesperados. ¿Qué hacer? ¿Qué harán? Continuarán mirando al mundo, tal como lo hacen las grandes masas de la humanidad, donde los espíritus malos, gobernados por "el príncipe del poder del aire," seguirán ofreciéndoles diversiones, aficiones y pasatiempos, con el fin de aliviar sus ansiedades y temores. Cuando todo esto fracasa, recurren a la psicología, a la psiquiatría y al psicoanálisis.

Ahora bien, el hecho de que el mundo esté adorando en el altar moderno de la psiquis, no quiere decir que esté fracasando el programa que Dios tiene para proporcionar paz al corazón y a la mente de los que colocan su confianza en el Señor Jesús. Solamente revela que Satanás lucha por conseguir la mente del ser humano a través de una gigantesca propaganda psicológica, negando que exista el alma y dando énfasis terapéutico a la mente como el asiento del temor, de la ansiedad, de la preocupación, de los malos ajustes y de la nerviosidad. Unicamente los cristianos que han nacido de nuevo pueden comprender el engaño diabólico de semejante tratamiento. Es una tentativa atrevida que pretende barrer toda necesidad del cristianismo y forzar al ser humano a creer en su propio poder. Aun los pocos que expresan el deseo de conocer a Dios son encauzados a una religión sin sangre, en la que perdura la psicología mental.

Por supuesto, el mundo no puede ver la tontería o

el engaño de esta clase de razonamiento, porque no cree la Palabra de Dios que declara que "los pensamientos y las intenciones" (Hebreos 4:12), "todo designio" (Génesis 6:5), "la meditación" (Salmo 19:14) y el engaño (Hechos 5:4), se conciben en el corazón del hombre.

Carente de la presencia del Espíritu Santo en el corazón, el hombre formula una filosofía de vida de acuerdo con su corazón no regenerado, la que nunca puede proporcionarle salvación ni paz. Cuando se siente descontento consigo mismo y su filosofía de la vida, la única esperanza que le queda es substituirla por otra filosofía, planeada según los dictámenes de su corazón inconverso y que no puede darle más satisfacción que la anterior. En semejante estado los pacientes no regenerados son impotentes para cambiar sus pensamientos, porque Satanás controla las meditaciones de su corazón inconverso.

Cristo es la respuesta

Dios nos ha dado el remedio para todos los problemas del alma. Si tú no has aceptado todavía al Señor Jesucristo como tu Salvador, Dios te invita a aceptar y creer que la sangre de su Hijo fue ofrecida en la cruz del Calvario para efectuar la expiación de tu alma perdida. Esto puede parecerte extraño a todo cuanto has creído hasta el momento; sin embargo, no podemos ser salvos mediante las reglas morales que confeccionamos nosotros mismos. Dios nos ha dado el aliento de vida, y vivimos en esta tierra de acuerdo a su misericordia. Cuando El nos quita el aliento de vida, morimos y nuestra alma va a uno de los dos lugares dispuestos por Dios. Quienes no creyeron en la obra expiatoria de Cristo en el Calvario, van al infierno a sufrir castigo sempiterno —castigo porque Dios hizo una oferta y ellos la rechazaron. Pero quienes aceptan el camino de salvación que en su gracia ofrece, y creen en la sangre que Cristo derramó como expiación por el alma, son llevados al cielo para estar con El para siempre jamás.

Pero alguien preguntará: "¿Cómo puede eso librarme de mi nerviosidad? ¿Cómo puede quitar las preocupaciones que tengo en cuanto a mí mismo?"

Después que hayas creído que la sangre vertida de Cristo es un sacrificio hecho en favor de tu alma, Dios envía al Espíritu Santo para que more en ti. El Espíritu Santo te enseñará a comprender la Biblia. Te dará el deseo de leer la Biblia. A medida que estudies la Palabra de Dios y medites en ella, descubrirás cuán maravilloso es Dios al hacer todas estas provisiones para ti, de modo que puedas combatir a los malos espíritus que te vienen para hacerte desconfiar de Dios, para que, poco a poco, descanses en ti mismo en vez de descansar en El.

Finalmente vences las malas influencias de la duda, del temor, de la ansiedad, de la nerviosidad y de la preocupación, confiando y meditando en la Palabra de Dios y caminando diariamente, paso a paso, en el Espíritu, sin cumplir los deseos de la carne. Cuando lleguen las dudas —porque vendrán— apártalas mirando a la cruz del Calvario, donde Cristo derrotó a Satanás y a todas sus huestes que nos oprimen y atormentan.

2

El Cristiano y la Tensión Nerviosa

Antes de que cierta paciente se hubiera sentado cómodamente en mi consultorio, comenzó a despachar su angustia con estas palabras:

"Mucho me temo de que sufro de agotamiento nervioso. No puedo dominar mis pensamientos. Cuando leo la Biblia, no puedo concentrarme; y puesto que mis oraciones parecen no recibir contestación, hasta he comenzado a dudar de mi salvación. Siento como si tuviera un cinturón alrededor de la cabeza que cada día me aprieta más y más, lo que me hace temer de que algo vaya a quebrarse y yo pierda el dominio de mí misma. A veces me han dado deseos de terminar con la vida, pero sé que eso procede de Satanás. Ahora tengo miedo de quedarme sola. ¿Qué si perdiera la razón y en cualquier momento me quitara la vida?"

Sí, los cristianos sufren síntomas "nerviosos": ansiedad, dudas, preocupaciones, pensamientos perturbadores, temores y tensiones corporales. Pero Jesús dijo: "No se turbe vuestro corazón, ni tenga miedo" (Juan 14:27).

Lector cristiano, ¿comprendes el significado de las

palabras "No se turbe"? La Biblia, desde Génesis hasta Apocalipsis, alienta a los hijos de Dios a confiar completamente en El, y no permitir que los cuidados, los pensamientos torturantes y las ansiedades se acumulen en el corazón, hasta que se conviertan en esclavos de la nerviosidad.

Tensiones corporales

El cristiano que se ve acosado por problemas emotivos no ha llegado a ese estado en el transcurso de una noche. Esta clase de sufrimientos toma mucho tiempo en desarrollarse. En algunos casos, toma años. La ansiedad constante, día y noche, durante un período largo, acarrea tensiones corporales que el paciente detalla a su médico. Sufre y pide alivio de una combinación de síntomas desconcertantes que son comunes a los llamados pacientes nerviosos. Esos síntomas son muy reales para el enfermo, y no pueden ser clasificados como imaginaciones deliberadas, aunque son creados por sus conflictos emocionales. El paciente no puede deshacerse de ellos con la facilidad con que cierra una llave de agua.

Por lo general los pacientes saben que cuando aumentan sus temores, las tensiones corporales acrecientan, y cuando los temores disminuyen, ceden gradualmente las tensiones corporales.

Prácticamente todos los pacientes nerviosos se quejan de tensiones corporales en algún período de su dolencia; en algunos son continuas. La parte afectada puede variar: tensión en los músculos del cuello, un sentido como de cinto que aprieta la cabeza, o dolores parecidos a la jaqueca. O puede haber tensión con síntomas atípicos (no típicos) en el pecho o en el abdomen, que pueden ser diagnosticados solamente como corazón nervioso, vesícula nerviosa, estómago nervioso, o faltando un diagnóstico más exacto como dispepsia, porque en estos órganos no se descubren lesiones patológicas que pueden ser tratadas exitosamente por la medicina o la cirugía. Los síntomas desconcertantes e indefinidos de los órganos femeninos, causados por los temores asociados con la sexualidad femenina, han causado muchas intervenciones quirúrgicas innecesarias para aliviar la nerviosidad en la mujer.

La práctica médica confronta diariamente condiciones funcionales que no tienen su origen ni en los gérmenes de la enfermedad, ni en el malestar del cerebro, ni en ficticios nervios agotados, sino en los conflictos emocionales del alma, que causan el temor, la ansiedad y las tensiones corporales.

No culpe al médico

El así llamado paciente nervioso busca alivio de sus síntomas, ya sean temores mentales o sensaciones corporales causados por el miedo. Generalmente el médico le receta algún medicamento para los nervios. El remedio por si no puede alterar el problema emocional del paciente. Solamente embota el proceso mental para que no esté tan alerta en cuanto a sus temores. Como resultado, el paciente se siente mejor, pero no está curado.

No debemos culpar al médico por no curar al paciente nervioso, porque éste no le ha dicho lo que causó su nerviosidad. Los pacientes nerviosos y temerosos de nuestros tiempos se parecen mucho al primer paciente que se quejó de sus temores a su médico. Adán no le dijo a Dios la causa de su nerviosismo, Solamente le relató los síntomas de su miedo. "Tuve miedo," le dijo, "porque estaba desnudo; y escondíme" (Génesis 3:10).

El Gran Médico no perdió tiempo con los síntomas nerviosos de Adán: su temor, su conciencia acusadora y sus ansiedades. Ni tampoco llevó a cabo una serie interminable de pruebas de laboratorio. El ojo diagnosticante de Dios pudo ver el fondo del alma de Adán y encontrar la causa de sus temores. Cuando Dios interrogó a su paciente, Adán, le hizo enfrentar el hecho real que producía su nerviosidad, lo que le hacía tener miedo, preguntándole directamente, "¿Has comido del árbol que yo te mandé no comieses?" (Génesis 3:11).

A pesar del avance de sus conocimientos científicos, el médico moderno es incapaz de ver la causa del nerviosismo de su paciente. Sin embargo, sabe que tiene que haber una causa que produzca los temores y las tensiones corporales. Mientras el enfermo nervioso oculte del médico la causa de sus síntomas funcionales, el facultativo puede sólo mitigar los síntomas, o sean el temor, la ansiedad y las tensiones, si no los ha tenido mucho tiempo. Por lo tanto, en la mayoría de los casos, el sufrimiento nervioso es una repetición periódica de síntomas que pueden ser tranquilizados en cuanto a su intensidad por diversas formas de tratamiento. Con todo, cuando en el pensamiento consciente penetran nuevas preocupaciones y temores, los síntomas vuelven a surgir con mayor intensidad, por lo general, en los ataques sucesivos.

Esclavos del nerviosismo

Los cristianos mundanos, que no quieren someter su yo al Señor, se engañan a sí mismos creyendo que su propia voluntad puede reprimir los pensamientos llenos de temor que los acosan. Cuando esto falla —como sucede siempre— entonces recurren a métodos y sedantes mundanos para desviar el proceso de sus pensamientos. Los sedantes calman y mitigan; las diversiones distraen la mente; los tratamientos de choque hacen olvidar los síntomas; pero ninguna de estas terapias los libra del origen de sus sufrimientos: el alma enferma.

Algunos enfermos se muestran exteriormente felices cuando se les alivian las tensiones corporales asociadas con sus temores y ansiedades. Sin embargo, estos pacientes, que a juzgar de lo exterior parecen estar curados, viven en un estado constante de recelos, no sea que lean u oigan de otros enfermos que tenían síntomas parecidos a los suyos y que terminaron por perder la razón o suicidarse.

Cristianos hay que confían en sedantes para que obren como aisladores de sus síntomas nerviosos, en vez de entregar su yo, con todos sus deseos, a Cristo y andar en el Espíritu. Los cristianos deben saber que ninguna droga moderna ni ninguna terapia física puede cambiar el estado del corazón del ser humano, ni afectar los deseos de ese corazón. Si el corazón no se limpia diariamente de sus cuidados y pensamientos angustiosos, los problemas se amontonan y acarrean al cristiano un nerviosismo crónico, que en verdad no es una enfermedad nerviosa, sino el conflicto en el alma entre su antigua voluntad propia, que debió haber sido crucificada, y el Espíritu Santo, quien vino al alma para morar en ella.

Cómo Satanás atrapa al creyente

Muy a menudo los cristianos nerviosos preguntan: "¿Y cómo me sucedió esto? Yo he tratado de vivir correctamente."

Sí, han tratado de vivir de acuerdo con sus fuerzas; han trabajado religiosamente para Dios con su propia capacidad, en vez de con la del Espíritu de Dios. Los cristianos se engañan muchas veces al creer que están "trabajando en la obra del Señor", cuando en realidad trabajan con sus propias fuerzas para gratificar el yo, y no para la gloria de Dios. ¿Qué sucedió? Que no caminaron en el Espíritu de Cristo; no leyeron su Palabra; no mantuvieron comunión con El por medio de la oración, y no conservaron siempre el pensamiento en la obra expiatoria de Cristo en el Calvario.

Cuando los cristianos no mantienen comunión diaria con Cristo, sufren de desnutrición espiritual. Si el cristiano no toma diariamente el número necesario de calorías espirituales debido a las atracciones mundanas y a los demasiados deberes religiosos, muy pronto se vuelve anémico y debilitado, su resistencia mengua, y es fácil presa de enfermedades (los poderes malignos). Algunos cristianos necesitan más calorías espirituales que otros. Todo depende del tipo de trabajo, de las obstrucciones demoníacas, y de hasta qué punto desean agradar al Señor por medio de su vida consagrada.

Cuando el cristiano creyente sucumbe ante los problemas emocionales (se pone nervioso, por decirlo así), es porque ha quitado sus ojos de Dios y los ha colocado en sí mismo, hasta que, finalmente, descuida la Palabra de Dios, el yo se convierte en lo de más importancia, y a Dios se le pone a un lado. Se pierde el nexo de la oración. Entonces el cristiano nervioso se confunde, se alarma y se atemoriza. Trata de orar, pero sus pensamientos quedan fijos en el yo. Trata de leer la Palabra de Dios, pero no puede concentrarse porque sus pensamientos se escurren a su propia introspección. No tiene paz en su mente, ni de día ni de noche. Hasta duda de su salvación y cree que Dios lo ha abandonado.

Dios no ha abandonado al cristiano nervioso. Es el cristiano nervioso que ha abandonado a Dios. ¿Cuándo? Cuando quitó gradualmente los ojos de la importancia del Calvario y anduvo en su propia fuerza.

"No puedo leer la Biblia ni orar"

Una mujer cristiana pidió medicamentos para sus nervios diciendo: "Si yo pudiera tomar algo para quitar los apretujones que siento en los brazos y en las manos, no me sentiría impulsada a hurgarme la cara. Son los nervios que me obligan a hacerlo. No puedo aguantar verme con pelos en la cara. Me los arranco.

"Me pongo nerviosa por pavadas. Si el aspirador eléctrico se descompone, temo que no pueda componerse. Tengo miedo de que el lavarropas automático no funcione.

"Tuve dificultades de esta clase hace veinticinco años. Estuve hospitalizada por agotamiento nervioso. Me curé después de mucho tiempo, pero ahora los médicos no dan con el remedio. Ya estuve en el hospital, pero nada me ayudó. Me aplicaron el choque de insulina; luego me dieron aplicaciones eléctricas al cerebro. Me hicieron olvidar las cosas que debo recordar, pero las cosas que quiero olvidar recurren con más fuerza que antes.

"Ya no sé qué hacer. A veces me vienen impulsos de terminar conmigo. Sé que no lo voy a hacer, porque soy cristiana y el Señor no permitirá que lo haga. Pero esta idea se ha apoderado de tal modo de mí, que no puedo leer la Biblia ni orar. Parecería que Dios estuviera alejado. Yo quiero estar cerca de El, pero mis pensamientos ya nunca se ocupan de El. ¿Cómo he llegado a este punto? Me siento atrapada. ¿Cómo puedo librarme de semejante estado?"

¿Qué hizo nerviosa a esta paciente?

Si esta paciente le hubiese contado al Gran Médico todo lo referente a las pequeñas cosas que la ponían nerviosa, yo estoy seguro de que hubiera dicho: "Marta, Marta, cuidadosa estás, y con las muchas cosas estás turbada" (Lucas 10:41).

Escucha, lector cristiano: tú no necesitas ser un psiquiatra para darte cuenta de que esta mujer no sufría debido a alguna condición particular de su vida, sino que se encontraba atrapada por los muchos cuidados y ansiedades.

Satanás es muy astuto en cuanto al proceso que emplea para engañar al creyente mediante una pequeña preocupación por aquí y una pequeña ansiedad por allá, hasta que las pequeñas preocupaciones y las pequeñas ansiedades se han convertido en una montaña insalvable.

¿Cuándo comenzó el problema de esta paciente? Ella recuerda que tuvo el primer colapso nervioso hace veinticinco años, cuando se hospitalizó; pero la psicoterapia reveló que su mal comenzó muchos años antes.

En el correr de los años ella se mostró remisa en la lectura bíblica diaria y en las meditaciones espirituales, hasta que Satanás le cortó su abastecimiento espiritual, lo que causó su lamentación de que ya no podía leer la Biblia ni orar. Nosotros culpamos a Satanás, pero en realidad la culpa es nuestra porque la permitimos que nos moleste con tantas cosas. Cuando surge una dificultad, debemos llevarla al Señor y dejarla a su cuidado. Jesús dijo: "No se turbe." Por consiguiente, los cristianos creyentes no deben permitir que los cuidados y las ansiedades se acumulen en el corazón para causarles congojas y hacerles tensos o nerviosos.

Permítaseme repetir que estas condiciones llamadas nerviosas no aparecen de la noche a la mañana. Cuando el cristiano llega al punto cuando ya no puede leer las Escrituras para gratificar su alma, es porque está lejos de Dios. Los viejos deseos arrojaron a Dios de su vida.

Existe un solo camino para salir de esta esclavitud del temor. Cuando el hijo pródigo, mediante el sufrimiento volvió en sí, se arrepintió, regresó a su casa y buscó el rostro de su padre. Muy a menudo descubro que cuando los cristianos son incapaces de leer la Biblia y orar para restablecer su comunión con Dios, es porque no se han arrepentido de veras de su propio empecinamiento, amor propio, confianza en sí y exaltación de sí. Lo único que les interesa es verse libres del sufrimiento. Son como ese paciente mío que quería un remedio que le quitara la sensación incómoda que tenía en las manos, pero no se preocupaba por el orgullo que le hacía accionar las manos.

El paciente nervioso es en gran parte culpable de lo que le sucede. Podría haber hecho algo antes de que el nerviosismo se convirtiera en un hábito inveterado. Debería haber confesado a Dios su debilidad y sus conflictos carnales.

El cristiano nervioso carece de testimonio

La Biblia declara que los cristianos somos "la luz del mundo", la que se manifiesta por el fruto del Espíritu Santo. "Mas el fruto del Espíritu es: caridad, gozo, paz, tolerancia benignidad, bondad, fe, mansedumbre, templanza" (Gálatas 5:22, 23).

El cristiano que está esclavizado a su yo, maniatado a su nerviosidad, ¿revela amor? ¡No! Se halla envuelto en el manto de su propio yo. La reconcentración en su yo no le permite manifestar amor hacia los demás. No ama ni siquiera a Dios. Por eso se queja: "No vale la pena orar a Dios. No escucha mi oración. No puedo leer la Biblia. No me interesa."

La vida de ese cristiano, ¿manifiesta gozo? ¡No! Se queja y llora por su estado deprimido, y dice que quiere librarse de él.

¿Tiene paz? ¡No! Va de aquí para allá por el mundo, esperando encontrar el remedio para sus síntomas nerviosos. Es el retrato viviente de la mente confusa, dudosa, temerosa, agitada por un alma que no está en comunión con Dios.

El cristiano que carece de estabilidad emotiva, ¿puede demostrar una actitud de tolerancia? ¡No! Eso es, precisamente, lo que le falta. No aguanta nada; no tiene paciencia; no tolera nada a los demás, a no ser lo que pueda gratificarle a él mismo. La persona que está pagada y llena de sí misma, es muy sensitiva. Su antiguo yo no admite críticas. Siempre tiene que aparecer como aprobado por los hombres; no puede permitir que piensen que él es peculiar por amor a Cristo.

¿Y qué en cuanto al espíritu benigno? ¿Puede demostrar benignidad y amabilidad de alguna clase hacia sus semejantes, y hacer algo por otros? ¡No! Los sufrimientos de los demás lo desconciertan. Dirá: "Yo no los puedo aguantar. Me ponen nervioso con su conversación." Esto, bien interpretado, quiere decir que la conversación de los demás interfiere con "mis pensamientos relacionados conmigo mismo."

¿Puede demostrar bondad? ¡No! Es igual al hombre natural. Sus propios intereses le impiden hacer nada para nadie. Se pregunta a sí mismo, ¿"Cómo puede eso ayudarme? Haré algo por los demás cuando se me pase esta nerviosidad; pero por ahora no quiero visitar a nadie ni hablar con nadie. Representa demasiado trabajo. Me pone nervioso, porque todo el tiempo que hablamos me estoy preguntando qué pensarán de mí. Tengo miedo que vean que algo me pasa. Ir a la iglesia me pone nervioso. Me falta la respiración, y me da la impresión de que me aprieta todo el cuerpo si el predicador habla muy fuerte."

Escuchemos una confesión: "No sé si estoy salvado. Creía estarlo, pero desde que no puedo leer la Biblia con sentimiento y mis oraciones no son contestadas, temo que haya cometido el pecado imperdonable. Ya no hay esperanza para mí. Ya he ido demasiado lejos." Tales pacientes no tienen fe en Dios, y la duda colorea todos sus pensamientos.

¿Revela poseer humildad? Es evidente que no se ha rendido a Cristo. Cree que su sufrimiento es una cruz que él lleva por amor a Cristo; sin embargo, no hay sacrificio ni glorificación de Dios en tal sufrimiento. ¿Cómo puede serlo si acusa a Dios de infidelidad, cuando es él que no se vacía de su propio yo? Después de todo, uno de los grandes factores que contribuyen a formar el nerviosismo en el cristiano, es que su yo no ha sido crucificado con Cristo, lo cual permite una lucha entre el Espíritu de Dios y la naturaleza carnal, debido a que el paciente no anda en el Espíritu, sino que sigue los impulsos de la carne (Romanos 13:14).

¿Y qué decir de la templanza? ¿Ejerce dominio y se refrena de "la concupiscencia de la carne, y la concupiscencia de los ojos, y la soberbia de la vida"? El se excusa de que no puede dominarse porque es nervioso.

Pero hubo tiempo cuando tuvo la oportunidad de gobernar su voluntad para Cristo o para la carne. Aparentemente se dejó vencer por las dudas, las ansiedades y los cuidados de este mundo.

Supongamos que tú no fueras salvo y que estuvieras convencido de que deberías serlo. ¿Buscarías el consejo de un cristiano dudoso, temeroso, ansioso y nervioso? Estoy seguro que no, porque no tiene nada que desearías para tu propia vida. No podría ni querría hablar contigo acerca de Cristo. En primer lugar, no tiene interés en Cristo y no tiene interés en ti. Solamente se ocupa de sí mismo.

Hay esperanza

¿Hay esperanza de que el cristiano nervioso pueda vencer su esclavitud, que se vea librado de las ataduras del diablo? ¡Sí! El Señor Jesús ha dispuesto las cosas maravillosamente para aquellos que le invocan de verdad. Muchos cristianos dirán: "Pero mi condición es desesperada. He probado todo." Sin embargo, Dios es capaz. ¿Quieres hacer tu parte del modo siguiente?

PRIMERO: Vuelve a la cruz del Calvario donde primero viste la luz.

SEGUNDO: El yo tiene que ser crucificado con Cristo para que puedas librarte del "viejo hombre" —voluntad propia, confianza en tí mismo y suficiencia propia— todo lo cual hace que te rebeles contra el plan que Dios tiene para tu vida. "Porque los que son de Cristo, han crucificado la carne con sus afectos y concupiscencias" (Gálatas 5:24).

TERCERO: Medita en lo que Cristo hizo en el Calvario para ti. Estudia la Biblia con diligencia hasta que domines totalmente el cuadro del Calvario. Si lo haces, te amanecerá el amor de Dios.

CUARTO: Si has estado nervioso y temeroso por muchos años, entonces las dudas, los sentimientos de culpa y los pecados pasados volverán a perturbarte, a fuerza de costumbre. Busca 1 Juan 1:9. Estudia este versículo con cuidado, hasta que sientas todo su impacto. Léelo en relación con el contexto.

QUINTO: Medita diariamente en la Palabra de Dios, todos los momentos, de modo que estés en condiciones de resistir las acechanzas del diablo, quien tratará de llevarte cautivo de nuevo.

El cristiano a quien se lo diagnostica como paciente nervioso, lleno de temores, ansiedades, preocupaciones y cuitas, claramente no anda en el Espíritu. El paciente nervioso que presta atención a los quejidos y gruñidos de los síntomas nerviosos, será vencido por ellos, se verá maniatado por ellos y llegará a encontrarse esclavizado por ellos.

El temor de esclavo obliga a los pacientes a buscar alguna clase de alivio. Los esclavos no son guiados: son arreados. Satanás arrea a sus esclavos, pero Jesús guía a sus ovejas.

Jesús dijo: "Mis ovejas oyen mi voz, y yo las conozco, y me siguen" (Juan 10:27). ¿Qué les pasa, pues, a los cristianos nerviosos? ¿No escuchan la voz de Jesús? ¿No oyen que les dice: "¿Por qué estáis atribulados y surgen dudas en vuestro corazón?"

¡Cristiano nervioso, vuelve los ojos de ti mismo y fíjalos en el Calvario!

3
Los Así Llamados Agotamientos Nerviosos

Tschaikowsky, el gran compositor ruso, sufrió mucho durante su vida. En cierta ocasión, después de un examen médico cuidadoso, escribió a un amigo: "Los médicos dicen que no tengo nada, que son mis nervios. Pero, ¿qué son los nervios?"

El diagnóstico que tuvo preocupado a Tschaikowsky, y que aparentemente no le satisfizo, ha desorientado también a muchos otros pacientes. Si no tienen nada, y es todo cuestión de nervios, entonces ¿por qué todo ese sufrimiento? Esto es lo que los pacientes desean saber.

Banqueros, abogados, profesores, comerciantes de ambos sexos, predicadores, amas de casa, y hasta enfermeras y médicos, dejan el consultorio del médico con este diagnóstico desesperante resonando en los oídos. El rico y el pobre, el educado y el ignorante, los hombres y mujeres de todas las clases sociales, han sucumbido ante esta enfermedad misteriosa: el llamado agotamiento nervioso.

Si alguien te preguntara qué es el agotamiento nervioso, ¿qué contestarías?

Mis pacientes dicen que la persona que sufre de agotamiento nervioso "está hecha pedazos," "no puede dominar los pensamientos," "no puede gobernar la mente," "se siente desencolada."

Cuando vienen a verme para que les auxilie, dicen más o menos lo que sigue:

"Todo el tiempo estoy preocupado. No puedo evitarlo. Si esto sigue así, mis nervios quedarán deshechos, aunque ya lo están bastante."

"La gente no me cree cuando le digo que estoy nervioso. No cree que estoy enfermo."

"De milagro me mantengo con juicio."

"En mi interior me siento como la cuerda del reloj cuando está para estallar."

"Si sólo tuviera una pierna quebrada, o hubiese tenido una operación, la gente vería que sufro. Ahora cree que me imagino que estoy enfermo."

"¡Tengo pensamientos tan terribles! Temo que Dios me castigue por albergar pensamientos tan pecaminosos, pero no los deseo tener."

"Cuando alguien mira lo que estoy haciendo, me pongo tan nervioso que no me puedo dominar. Tengo miedo de llorar en público."

"Tengo miedo de preocuparme tanto, que al fin no voy a saber lo que estoy haciendo. Ya soy bastante olvidadizo. Si esto empeora, podría cometer un crimen terrible y no estar seguro de que lo he cometido. Y aunque no lo hiciera, alguien podría acusarme de ello, y yo me creería culpable."

"Me siento tan tenso que debo aplicarme un enema cada día."

"Creo que soy víctima de la esquizofrenia. Tengo todos los síntomas. Los tengo desde mi niñez, tal como lo dice el libro."

Y todos los médicos tienen que escuchar el clamor: "¡Doctor, soy tan nervioso!"

Estas y miles de otras quejas, expresan la perplejidad de los pacientes que quieren saber, "¿Qué son los nervios?"

Mal entendidos

El paciente que llega diciendo: "Los médicos dicen que no tengo nada, y mis familiares y amigos dicen que es todo cuestión de imaginación", busca comprensión y simpatía.

Los pacientes nerviosos son los más mal comprendidos de todos los enfermos, dadas las falsas nociones que existen sobre el nerviosismo. La actitud generalizada de desdén hacia los sufrimientos de los pacientes nerviosos, tiene la culpa de que ellos oculten el hecho de que han sido diagnosticados como nerviosos. Son miles los pacientes que se aferran a cualquier dolencia física de menor cuantía, o buscan una que pueda ser tratada clínica o quirúrgicamente, con tal de evitar el estigma de ser catalogados de "neuróticos." Son llamados "neuróticos" por el hecho de que no existe ninguna dolencia física, como si a ellos les agradara estar enfermos o simularan alguna enfermedad para conseguir atención o escapar alguna responsabilidad. El paciente con alguna neurosis sufre solo porque no se le considera enfermo.

En los veinticinco años que llevo de práctica psiquiátrica, nunca he visto un enfermo que se gozara de su enfermedad. Los pacientes nerviosos se parecen a aquel que dijo: "Estoy apresado en una trampa, y no sé cómo salir por mí mismo."

En su desesperación por ser comprendidos, pueden desear secreta si no abiertamente una seria enfermedad o intervención quirúrgica que podría llevarlos a la muerte. Una paciente que había sufrido de una neurosis casi toda la vida me dijo: "Yo estuve contenta de ir al hospital para operarme. No que deseara la operación, pero me aseguraron que me curaría. Yo sabía que no me curaría, pero tenía una excusa legítima para internarme. Además, si es que no me voy a curar, hubiera sido una buena oportunidad para morir. Yo nunca podría suicidarme debido a mi madre y a mi hermano, que también es neurótico."

Los pacientes nerviosos no inventan deliberada y voluntariamente síntomas de miedo y ansiedad. El enfermo que se halla en las garras del temor y la ansiedad, tuvo una base que dio principio a esos síntomas, que no aparecieron de golpe ni fueron creados por una crisis en la vida.

El complejo sintomático se desarrolló en el curso de muchos años. A veces tiene origen en la niñez.

La razón porque asociamos el agotamiento nervioso con alguna crisis, tal como la muerte de un ser amado, un revés financiero, la pérdida del empleo o del prestigio, etc., se debe a que el impacto emotivo adicional es demasiado pesado para esa personalidad que ya se halla sobrecargada de complejos emocionales. Cargamos la culpa a algún hecho que se destacó en la vida del paciente en ese momento determinado; pero ese hecho no es sino "la última pajita que quebró el espinazo del camello."

Todo individuo quiere ser considerado mentalmente normal. Nos viene a la mente el aforismo psiquiátrico moderno que dice: "Todos los pacientes nerviosos tienen mucho en ellos que es normal, y la gente normal tiene mucho en ella que es anormal." Los pacientes nerviosos no son mentalmente débiles. Algunos de nuestros más grandes intelectuales sufren de los nervios.

El temor de ser diagnosticado como nervioso

Los pacientes nerviosos que se someten a un tratamiento médico o quirúrgico, ya sea que esté indicado o no, abrigan esperanzas de alivio, aunque el tratamiento sea sólo para curar una hemoglobina subnormal. En su modo de pensar se consuelan con la esperanza de que el médico haya descubierto algo mal físicamente que sea lo responsable por su llamada condición nerviosa. No quedan al albur de tener que enfrentar a los amigos o parientes que suponen se trata de nervios solamente (imaginación o falta de gobierno mental), y que todo radica "en la cabeza." Miles y miles de pacientes fijan su esperanza en la ingestión diaria de vitaminas para aliviar los males que sufren.

Decirle a una persona que no tiene nada físicamente, que se trata "de nervios solamente," hace suponer al paciente nervioso, si no se lo han dicho ya, que debe dominar sus pensamientos. "No se preocupe." La sola fuerza de voluntad fracasará, lo que contribuirá a acrecentar el temor de que la mente, o los pensamientos, no pueden ser dominados, y que él sufrirá inevitablemente de agotamiento nervioso.

Antes y después del tratamiento

Los pacientes nerviosos son tan sensibles a todo cuanto pueda sugerir nerviosidad, debido precisamente a sus propios temores personales, que no sólo odian su propio nerviosismo, sino que temen encontrarse con otras personas nerviosas, no sea que se les recuerde. Hasta muestran intolerancia entre sí. Un paciente que se encontraba muy alterado emotivamente me dijo: "Detesto a la gente nerviosa. Me disgustan sobremanera. Por esta razón no quiero que otros vean que estoy nervioso. Me pongo tenso cuando estoy ante gente que pueda escudriñar mi nerviosidad. Me pongo peor. Todo el cuerpo se me acalora. Siento que me desprecian. Observo a cada persona para ver cómo reacciona hacia mí. No puedo creer que puedan soportar a una persona como yo, debido a mi nerviosismo."

Esta parecería ser la reacción de la mayor parte de los pacientes nerviosos que son introspectivos. Temen encontrarse con la gente, especialmente la que tiene relación con sus problemas emocionales. Parecen tener muy poco en común con otros pacientes emocionales. Todos piensan que su problema emocional es peor que el de cualquier otra persona en el mundo entero, y que los demás no pueden comprender lo que ellos sufren. Hasta suponen que el psiquiatra jamás vio un caso tan complicado como el suyo. Algunos llegan a preguntar: "Doctor, ¿usted vio en su carrera un caso como el mío? ¿Se curó el paciente?"

Estos mismos pacientes, a quienes sus familiares y amigos en su disgusto tildan de egoístas, cambian totalmente cuando resuelven sus problemas y se sienten liberados de su yo. No fueron egoístas durante su enfermedad emotiva, en el verdadero sentido en que se cataloga el egoísmo mundano de la persona no regenerada. Se encontraban atados a su propio yo.

Pero estos pacientes, después de liberados, tienen otra queja. Fíjese el lector en el cambio de espíritu: "Me parece que soy una especie de papel matamoscas. Recojo todos los neuróticos de todas partes. Ellos me cuentan sus cuitas y esperan que yo les ayude. Sé que necesitan ayuda. Sé cómo se sienten. Les tengo lástima, pero no sé bien qué hacer por ellos."

Otro que había sido paciente me dijo: "Parecería que todo el mundo tuviera problemas. Casi cada persona con quien converso tiene algo que contarme. ¿Cómo dan conmigo?"

Esta mujer no era extraña ni la buscaban debido a sus antiguas tendencias neuróticas. La batalla emocional que había librado le enseñó a ser compasiva. La comprensión de su alma inspiró a otros pacientes emocionales a confiar en ella. Desde que ella triunfó, Dios puede usarla.

Si el paciente no ha madurado lo suficiente en su crecimiento cristiano como para confiar en el Señor, se verá tentado a volver constantemente a la fosa de sus antiguos problemas. Los desenterrará para aquilatarlos a la luz de sus sentimientos fluctuantes, en vez de hacerlo a la luz de la Palabra de Dios, que afirma que Dios no se acuerda más de nuestros pecados pasados (Isaías 43:25).

Esta gente se perturba también cuando se encuentra con personas que tienen problemas. Un paciente expresó su reacción en esta forma: "Ojalá que la gente que tiene problemas me dejara tranquilo. Me buscan, y tengo que escuchar sus problemas; y entonces yo mismo vuelvo a sentir lo de antes, y no quiero volver a donde una vez estaba."

Conceptos falsos en cuanto al agotamiento nervioso

La expresión "agotamiento nervioso" suele producir

temor, y sugiere agotamiento, desgaste o degeneración de las células cerebrales y de los conductos nerviosos del cuerpo. El término es anticientífico y muy engañador, porque los enfermos emotivos, llamados nerviosos, no sufren de nervios que se están agotando, ni está para fallarles la mente.

Lo cierto es que los nervios de las así llamadas personas nerviosas que han sufrido emotivamente durante años, no dan señales de encontrarse enfermos. Sin embargo, este concepto equivocado ha producido mucho temor, porque los pacientes anticipan cambios cerebrales, se enfrascan en sus propios pensamientos y pierden la capacidad de dominar su pensamiento.

En seguida suscitará esta pregunta en la mente de algunos lectores: "¿No se puede enfermar la mente?" El cerebro no se enferma en los pacientes que sufren síntomas motivos, tales como preocupaciones, dudas, ansiedades, temores y cuitas. Cuando el cerebro está comprometido en una condición patológica que produce confusión mental, damos nombre a la condición cerebral que causa la perturbación mental, y la llamamos tumor cerebral, apoplejía, abceso cerebral, encefalitis, arterioesclerosis y sífilis. Estas enfermedades orgánicas del cerebro son responsables de un porcentaje reducido de enfermedades mentales que se hallan dentro o fuera de los manicomios.

Exceso de trabajo

Se culpa al exceso de trabajo como factor principal en el llamado agotamiento nervioso. Este falso concepto se basa en observaciones poco científicas, pero desgraciadamente las creencias tradicionales no mueren en seguida. Por eso escuchamos todavía que se dice a los pacientes nerviosos: "No trabaje tanto. Cuídese. Tome las cosas con tranquilidad."

Si se insiste en que el paciente nervioso, desasosegado y agitado se acueste y descanse todas las tardes, puede significarle un tormento, porque se ve forzado a pensar en sus temores y dominar las tensiones de su cuerpo que bien podrían ser aliviadas por medio del trabajo.

Cuando los pacientes nerviosos creen que el trabajo es mucho para ellos, piden menos horas de trabajo. Lo cierto es que se hallan agotados mentalmente porque tratan de realizar su trabajo corriente y al mismo tiempo dedican parte de sus pensamientos a sus ansiedades y preocupaciones. Y así el trabajo les llega a ser pesado, porque los conflictos emocionales les exigen tanto tiempo para pensar en ellos, que no pueden dedicar tiempo al trabajo.

Cierto capataz de una fábrica se hizo malhumorado y pasaba mucho tiempo a solas. Gradualmente fue cada vez menos eficiente en su trabajo. La compañía, suponiendo que trabajaba demasiado y que iba derecho a un agotamiento nervioso, insistió en que tomara seis semanas de vacaciones. Poco se imaginó la fábrica que su empleado, hombre casado y con familia, no podía cumplir con las órdenes que se le impartían porque estaba ocupado mentalmente con el problema de resolver sus ilícitas relaciones amorosas con otra mujer, y le perseguía el miedo de que su esposa descubriera la vida que estaba llevando. Cuando finalmente sus convicciones morales le hicieron romper las relaciones con la segunda mujer, sus hábitos de trabajo mejoraron.

Si el exceso de trabajo fuera un factor del agotamiento nervioso, el menor número de horas y de días de trabajo debería disminuir el número de casos. Sin embargo, los trastornos emocionales aumentan, como si el tiempo desocupado y el esfuerzo por satisfacer los deseos que surgen durante esas horas de ocio crearan nuevos problemas. El ser humano carece de normas que determinen el exceso de trabajo. Dios, por el contrario, le dio a entender a Adán que tendría que trabajar y ganar el pan con el sudor de su frente. Pero en ninguna parte nos dice que no debemos trabajar con exceso por temor de ser víctimas del agotamiento nervioso.

Demasiado estudio

Todo psiquiatra de manicomios estatales ha escuchado de parte de los parientes esta explicación de la enfermedad mental del paciente que acaba de ser internado por esquizofrenia:

"El paciente sufre de agotamiento nervioso debido al demasiado estudio. Obtuvo buenas calificaciones hasta poco tiempo antes de sufrir de agotamiento nervioso, hace cosa de año o año y medio. Entonces observamos que estudiaba con mayor intensidad, pero comenzó a fallar en los exámenes. Luego vino a ser antisocial y quería estar solo. Dejó de concurrir a las clases porque fallaba en los estudios. Comenzó a portarse de un modo raro. Cuando creía que nadie lo observaba, solía sentarse, reír y hablar consigo mismo. Finalmente dejó de cooperar con todos, se oponía a todo y rechazaba cualquier ayuda."

Así es que, cuando es internado como paciente esquizofrénico, se ve dominado por alucinaciones e ilusiones que no aparecieron de la noche a la mañana. En su corazón fantaseó e imaginó pensamientos que al principio pudo desviar cuando necesitó concentrarse en sus estudios. Pero al fin las fantasías se hicieron más fuertes porque deseó las sensaciones agradables que se derivaban de sus pensamientos, hasta que poco a poco se fue haciendo imposible apartarlas para poder cumplir con los deberes diarios de la vida. Ni tampoco tuvo deseos de apartarlos, porque eran más agradables que los deberes de la vida, los que perdieron importancia para él.

El ezquizofrénico ha perdido interés en las cosas de este mundo porque ha creado para sí mismo un mundo de fantasías en el que tiene todo según lo imagina su corazón. En los momentos lúcidos y por medio de fragmentos de conversaciones, pone de manifiesto la abundancia de fantasías que dominan completamente su corazón.

El psiquíatra, al tomar la historia con sus detalles, se convence de que ocuparon mucho tiempo en desarrollarse las alucinaciones y las ilusiones, y que no había ninguna afección cerebral que fuera causa excitante de la enfermedad mental. Con todo, los padres insisten en inculpar la enfermedad mental a diversos accidentes sucedidos en la infancia del paciente, tales como una caída de la cuna, una rodada por la escalera, un gran susto o una grave enfermedad.

Periódicamente la investigación científica informa de alguna nueva teoría que sugiere la existencia de algún germen o de algún elemento químico en el cerebro que es el responsable de los raros síntomas mentales. Hasta la fecha la psiquiatría enseña que los males de la esquizofrenia, la psicosis maníaco-depresiva y los problemas de ajustes emocionales, sin influídos por el medio ambiente del individuo y no por ninguna alteración de la estructura cerebral.

Desde el punto de vista cristiano, cuando la confusión mental no tiene origen en una condición orgánica del cerebro, los síntomas son la expresión básica de lo que generó el corazón. Cuando el corazón se limpia y la persona anda en el Espíritu, el paciente goza de una mente correcta y normal. El yo es el que pierde estabilidad y se descontrola. El Espíritu de Dios no se descontrola.

Insano debido a demasiada religión

Satanás es el creador de esta ilusión. No condena la religión, sino que enseña que es posible tener demasiado religión y perder la cabeza. Sin embargo, todos sus seguidores son religiosos. La religión es la filosofía de vida que tiene el ser humano. Cada pagano incivilizado tiene su religión, que es compatible con su pensar y modo de vivir, y Satanás lo empuja al fanatismo. Del mismo modo, empuja al pagano culto para que sea leal a su religión, sirviendo a los espíritus malos que se oponen a la obra expiatoria de Cristo en el Calvario.

Satanás lo consigue enseñando que el camino de la cruz del Calvario es tonto, absurdo, quimérico e irrazonable para el intelecto normal. Para la persona no regenerada, que no sabe discernir espiritualmente, esta enseñanza diabólica le parece razonable. Y no solamente insiste Satanás en que esa enseñanza es absurda sino que quienes creen tal evangelio son personas raras, y nadie, naturalmente, quiere pasar por tal. Por consiguiente, Satanás logra que se mire con ceño a los que viven de acuerdo con las enseñanzas del Hijo de Dios, como si fueran carentes de madurez al necesitar alguien en quien depender, en vez de pararse sobre sus propios derechos y privilegios.

Se ve la sutileza en el hecho de que Satanás presenta su enseñanza de un modo tan razonable y aplicable a las personas que no son salvas y a los cristianos nominales: "Que si nuestro evangelio está aún encubierto, entre los que se pierden está encubierto. en los cuales el dios de este siglo cegó los entendimientos de los incrédulos, para que no les resplandezca la lumbre del evangelio de la gloria de Cristo, el cual es la imagen de Dios" (2 Corintios, 4:3,4).

La influencia satánica bloquea las tentativas del Espíritu Santo de atraer a Dios a los que no son salvos por hacerles ver lo antipáticos que serán para el mundo si se entregan a Cristo. Esto les quita el incentivo de escudriñar el Cristianismo, por temor de perder el buen nombre entre sus conocidos y amistades.

Es bastante común encontrar personas perturbadas mentalmente (insanas) que hablan incoherentemente. sobre la religión. Muchas de ellas invirtieron mucho tiempo en conversaciones religiosas y rituales antes de llegar a su estado final de confusión e incoherencia. Así que naturalmente, las personas que no son salvas juzgan que esos pacientes se volvieron insanos por haber dedicado demasiado tiempo a la religión.

Es más que probable que las tales personas, antes de llegar a su estado de incoherencia, fueron guiadas malamente a credos exangües, que no satisficieron a su alma, sino que, por el contrario, la llenaron de confusión, y trataron de encontrar paz por medio de ritos religiosos.

Amonestar a los pacientes que se suponen perdieron el juicio debido a una dosis alta de religión para que no hablen de religión, y quitarles la Biblia, no es remedio para curar su confusión. Es imposible que hayan recibido una dosis exagerada de la Palabra de Dios. Lo que necesitan es que se les guíe a comprender lo que la Biblia dice sobre el Camino que lleva a la paz de sus almas agitadas.

Nadie jamás ha perdido el juicio a causa de Cristo, de haber leído demasiado la Biblia o de mantener comunión con Dios. Dios desea ardientemente que leamos y meditemos en su Palabra, y El promete contestar las oraciones sobre la base de "Si estuviereis en mí, y mis palabras estuvieren en vosotros, pedid todo lo que quisiereis, y os será hecho" (Juan 15:7).

No se volvió insano ninguno de los santos de la Biblia por haber meditado en la Palabra de Dios y en las cosas del Señor. Dios mismo ordenó deliberadamente a Josué: "El libro de esta Ley nunca se apartará de tu boca: antes de día y de noche meditarás en él" (Josué 1:8). David, llamado "el hombre conforme al corazón de Dios," meditaba día y noche en la ley de Dios. Moisés, el conductor del pueblo de Israel, mantuvo comunión con Dios "en el monte cuarenta días y cuarenta noches." Daniel, "varón muy amado" de Dios, lloró y oró por su pueblo durante veintiún días. Jamás hemos leído que estos hombres sufrieran de debilidad nerviosa debido a su comunión continua con Dios.

La Palabra de Dios no dice que la persona que mantiene la mente ocupada en asuntos espirituales se volverá confusa e insana debido al exceso de meditación espiritual: pero sí dice que "será como el árbol plantado junto a arroyos de aguas, que da su fruto en su tiempo" (Salmo 1:3).

¿Cuál es el fruto? ¿Miedo y confusión? ¡No! Es amor, gozo y paz (Gálatas 5:22).

¿Qué la sangre derramada de Cristo asusta a los niños?

Los obreros cristianos entre los niños tienen que hacer frente a la acusación de que si enseñan a los niños pequeños la muerte de Cristo sobre el Calvario para la salvación del alma, se asustarán y quedarán traumatizados emocionalmente. Los religionistas alegan que semejante enseñanza pone nerviosos a los niños y constituye la base del agotamiento nervioso que aparece años más tarde.

Todos nos espantamos ante la idea del agotamiento nervioso; por eso las fuerzas del mal mantienen esta falsa enseñanza de que la sangre derramada de Cristo daña a los niños poniéndolos nerviosos. No se oponen a que las personas que trabajan con niños les enseñen que Jesús fue un hombre moral que anduvo haciendo bien, pero sí se oponen a que se les enseñe que El es nuestro Salvador "debido al Calvario." ¡La triquiñuela es evidente! Si se quita la sangre derramada por Cristo en el Calvario, ya no tenemos salvación.

Esta es, precisamente, otra de las mentiras que Satanás desparrama entre su gente, quienes detestan oír hablar de la sangre que Cristo derramó por el pecador. Son los adultos, no los niños, quienes tienen miedo de la sangre.

Yo jamás he oído decir a ningún paciente adulto que su miedo o nerviosidad se debió a la enseñanza del derramamiento de la sangre de Cristo en el Calvario. Por el contrario, he tenido pacientes que me contaron que estuvieron preocupados durante años, cuando niños, temiendo que el mundo terminara y que ellos fueran al infierno. Otros enfermos dijeron que en esa edad tenían miedo de morir, de ser sepultados vivos, de ir al lugar malo, y de que Dios no les recibiría en el cielo porque sus padres no querían perdonarles.

Las fuerzas satánicas siempre operan disfrazadas de buenas intenciones para impedir la propagación del evangelio, ya sea entre adultos o entre niños. Satanás empleará cualquier clase de armas con tal de impedir la enseñanza de la sangre derramada por Cristo en el Calvario para la remisión de pecados.

El ajuste

Muchos cristianos creyentes que sufren del llamado agotamiento nervioso temen el tratamiento psiquiátrico porque la psiquiatría académica aplica el mismo tratamiento a quienes son cristianos y a quienes no lo son: el ajuste al mundo.

El problema del cristiano es espiritual, y los pacientes cristianos no pueden ajustarse al mundo y estar en paz, porque después que el Espíritu Santo ha venido para morar en ellos, ya no son del mundo. Jesús dijo de sus discípulos: "No son del mundo."

Los cristianos que quieren ajustarse al mundo acuden con sus problemas a los consejeros que los confirmen en su modo de vivir, para no sentirse culpables de dar las espaldas a Cristo para seguir las psicologías de los hombres. El cristiano mundano puede experimentar cierto alivio proveniente de sedantes, diversiones y otras formas de tratamientos ideados por los hombres; pero mientras perdure el factor de agitamiento, el sentimiento de culpabilidad, la tensión emotiva continúa aumentándose hasta que el cuerpo sufre. (Este sufrimiento lo trataremos en otra parte de esta obra).

Pero el cristiano espiritual tiene una relación con Cristo, y anhela el restablecimiento de la comunión con Dios. Cuando la psicoterapia lo lleva a la comprensión de su problema, no le es difícil ver que su liberación estriba en confesar sus pecados a Dios, quien "es fiel y justo para que nos perdone nuestros pecados," y en echar todas sus ansiedades, preocupaciones y temores sobre el Señor Jesucristo.

El hombre natural, que anhela comunión con el mundo, puede ajustarse al mundo porque es "del mundo." Puede ocuparse de nuevo con las cosas que satisfacen y proporcionan placer al yo. Pero le dan paz solamente "como el mundo la da." Carece de convicciones que le impulsen a confesarse a Dios y, aunque todo cuanto confiesa al hombre no puede curarle de la condición que le presiona, experimenta alivio cuando libera su tensión confesando sentimientos culpables que ha estado reprimiendo durante toda su vida.

Una paciente expresó su alivio diciendo, "¡Ahora lo he dicho a alguien! Nunca creí que podría hacerlo o que lo haría. Usted no sabe el alivio que me ha proporcionado. Yo he guardado esas cosas para mí misma durante toda la vida sin contarlas a nadie."

Confesar las faltas con el objeto de aliviar la presión puede resultar reconfortante por el momento, pero puede convertirse en un hábito. Muchas personas emplean al psiquiatra como válvula de escape cuando tienen acumulada demasiada presión en su interior.

Sin embargo, los pacientes cristianos sienten repugnancia por eso de volver y revolver incidentes pecaminosos y desagradables de su niñez, revelando muchas veces los pecados y fallas de sus propios padres. Esta vuelta a los sucesos del pasado por fin desarrolla el odio y el resentimiento hacia los padres, y posiblemente un espíritu nada perdonador.

Un paciente cristiano me dijo: "Yo quisiera aprender a ser perdonador, más bien que hacer hincapié sobre las debilidades y errores de mis padres. Eso no hace más que despertar en mí resentimiento hacia ellos. Porque, después de todo, si consideramos los problemas emotivos que ellos tuvieron que enfrentar, hicieron lo mejor que pudieron."

El cristiano evangélico no necesita analizar una interminable serie de estratos subconscientes de pensamiento. Yo me doy cuenta de que muchos de mis lectores cristianos que han ahondado en la psicología esperando encontrar una solución de sus problemas, se preguntarán qué resultará finalmente de los complejos de la niñez que se hallan enterrados en alguna parte en el subconsciente. Permítanme decirles que esos complejos que, según las enseñanzas académicas, están alojados en la subconsciencia, se hallan, según la Palabra de Dios, en el corazón del ser humano.

Cuando Cristo entra en el alma del individuo y el yo queda crucificado, el complejo de síntomas común a los pacientes nerviosos no se desarrolla de acuerdo con las indicaciones de los textos oficiales, porque el cristiano actúa luego bajo el poder de Cristo y no de su propio yo.

El cristiano no puede salir del paso transfiriendo del corazón las cuitas, preocupaciones, ansiedades, culpa y temor a la parte inconsciente de la mente, o sea a una subconsciencia misteriosa, para que pueda recurrir a los tratamientos mentales que le ayudan a tapar y olvidar el pasado.

Todo ese cúmulo de pensamientos y sentimientos está alojado algo más hondamente que en la mente. EL LLAMADO AGOTAMIENTO NERVIOSO ES EL NOMBRE INAPROPIADO DEL CAOS EMOCIONAL QUE EXISTE EN EL ALMA DEL SER HUMANO.

4

SUFRIMIENTO PSICOSOMÁTICO

Cuando el paciente "nervioso" se halla bajo una tensión continua de miedo y ansiedad durante mucho tiempo, la tensión puede descargarse en y por medio de varias partes del cuerpo, causando síntomas físicos y condiciones enfermizas, y a veces hasta la misma muerte. O en otras palabras: las así llamadas condiciones nerviosas no permanecen siempre en la mente en la forma de preocupaciones. Pueden producir síntomas físicos y enfermedades orgánicas - enfermedades somáticas.

Por lo tanto, cuando el estado emocional (psíquico) causa perturbaciones corporales (somáticas), damos el nombre de "psicosomática" a semejante condición.

Los síntomas psicosomáticos significan que el individuo se halla en guerra consigo mismo. Esa guerra ha creado tensiones emocionales que pueden afectar a cualquier parte del cuerpo (soma).

Las tensiones nerviosas pueden ser la causa total, o a veces el factor excitante solamente, de ciertas formas de eczemas, manos y pies sudorosos, verrugas e irritaciones de la piel, alergias, asma, hipertensión, corazón nervioso, dispepsia, estómago nervioso, úlceras gástricas, trastornos crónicos de la vesícula biliar, apendicitis crónica, vómitos, hipo, diarrea, estreñimiento, colitis mucosa, colitis espástica, ciertas condiciones rectales, perturbaciones urinarias, ciertas formas de artritis. bocio, migrañas, ciclos menstruales dolorosos e irregulares, lo mismo que problemas sexuales de los hombres y de las mujeres. Sí, la preocupación puede afectar a todo el cuerpo.

El orgullo y las enfermedades psicosomáticas

Aunque el término "psicosomático" abarca el cuerpo lo mismo que las emociones, sin embargo sugiere y lleva consigo todo cuanto estaba asociado antiguamente con el término "neurótico." Desgraciadamente esto da la impresión de que quien sufre de una condición psicosomática tiene una personalidad inadecuada, lo mismo que algún conflicto en su personalidad. Como nadie quiere pasar por débil, ni ante sus propios ojos ni los de sus amigos, se muestra renuente a ser considerado un enfermo psicosomático. Tener que decir, o escuchar que otros dicen, que padece de una enfermedad provocada por los nervios, implica que no tiene dominio sobre sus pensamientos, o que posee una voluntad débil.

Los pacientes con trastornos psicosomáticos se muestran tan reticentes a buscar ayuda para su problema emocional como los llamados enfermos r erviosos, a quienes los domina el miedo y la ansiedad.

Generalmente se cree que demostrar o dar rienda suelta a las emociones es señal de debilidad. Esto es lo que se instila en nuestros niños: "¡No te portes como un nenito!. . . ¿Cuándo crecerás y llegarás a ser un hombre?. . . ¡Déjate de llorar!. . . Ya no eres una criatura."

Los adultos se ríen sin empacho porque a la risa nunca se le puso tabú; pero temen demostrar dolor o llorar a sus seres queridos. Cierto pastor evangélico anda entre los miembros de su iglesia aconsejando a los que parecen tener ganas de llorar: "No den rienda suelta a las emociones. No se dejen vencer por ellas." La persona que es sensible a la palabra *vencer,* lo toma a pecho y se dice a sí misma: "No, no debo ceder, porque podría perder el control sobre mí misma" (sufrir agotamiento nervioso).

Los enfermos no tienen dificultad en acudir al médico cuando buscan alivio para dolencias causadas por síntomas orgánicos. Pero consultar al psiquiatra ya es harina de otro costal. Por lo general los pacientes se ponen en guardia. Quieren alivio, pero temen que el psiquiatra les encuentre algo que no sea respetable. Después de todo, tenemos todos cierto grado de respetabilidad y queremos que nos estimen.

Una cierta mujer casada sufría de períodos de ceguera imprevista que no sólo le causaban desazón sino que eran peligrosos, porque podían ocurrirle mientras cruzaba el tránsito de la calle. Tenía una larga historia de nerviosismo antes de que aparecieran los períodos de ceguera. Un estudio especial de los ojos reveló que no sufría ninguna afección orgánica, lo cual la dejó con el diagnóstico de que la ceguera era enteramente de carácter nervioso.

El examen psiquiátrico puso en evidencia gradualmente que estos síntomas aparecieron primero cuando el esposo llegaba a la casa tarde por la noche. Cuando él no salía de noche, los ojos no le causaban ninguna molestia.

Como era instructora de la escuela dominical se sentía terriblemente apenada de que sus amigas cristianas se enteraran de que a veces el esposo llegaba ebrio a la casa. Ella deseaba que no fuera así, de modo que, cuando él llegaba tarde, ella se negaba a contemplar su condición por sufrir una ceguera conveniente, de modo que no pudiera verlo. Al principio esto le sirvió para proteger su orgullo. Pero el hábito se fortaleció hasta que los pensamientos sugestivos provocaban el ataque de ceguera en cualquier momento, de día o de noche, cuando el esposo no estuviera presente.

El sólo explicar la causa de la ceguera no curó automáticamente a esta paciente. La psicoterapia tuvo que llevarla a la comprensión del hecho de que el orgullo (¿qué dirá la gente?) era el factor básico de su sufrimiento. Ella tuvo que estar dispuesta a darse cuenta de que el crear una ceguera artificial para no contemplar una situación desagradable, no había convencido a su mente de que el esposo no se embriagaba.

La hostilidad y el sufrimiento físico

Para mejor obtener la paz de la mente y del alma es necesario reconocer que nadie es perfecto. Y cuando hacemos frente a nuestras imperfecciones y circunstancias difíciles, debemos admitir que son reales.

Las tensiones emocionales causadas por motivos hostiles que se anidan en el corazón, a veces aparecen en la piel en la forma de sensaciones quemantes. Una joven, empleada en la administración de una gran fábrica, sufría de una cantidad de lesiones abiertas en la piel de su cuerpo. Admitió habérselas producido al rascarse debido a que no podía soportar una gran sensación quemante. Antes de someterse a la psicoterapia se había aplicado una porción de remedios, internos y externos, para quitar la comezón; pero ninguno de los tratamientos dio alivio permanente. Se observó que las picazones se producían solamente en las partes accesibles a las manos de modo que pudiera rascarse mientras trabajaba.

Durante la psicoterapia muy pronto esta paciente relató una situación muy desagradable que ocurría en la oficina donde trabajaba. Otra empleada, de carácter nada recomendable, compartía el trabajo de oficina. Pero no hacía la parte que le correspondía y perdía mucho tiempo en compañía con el gerente del departamento. Así que la paciente tenía que hacer más que lo que le correspondía del trabajo.

La enferma reconoció fácilmente que la quemazón de la piel y la necesidad de aliviarla rascándose, formaban parte del odio que sentía hacia la otra, que ostentaba una posición privilegiada debido a su comportamiento inmoral. Como la paciente era cristiana, se mostró algo remisa en aceptar que la condición de su piel fuera la consecuencia de la ira reprimida que le quemaba el interior al no poder expresar sus sentimientos. Sin embargo, se sorprendió de que la quemazón y la picazón comenzaron a ceder en intensidad cuando aprendió a aceptar su situación en la oficina sin odios, y comprendió que "la venganza" contra la inmoralidad "pertenece al Señor."

Es común que los pacientes psicosomáticos se sometan a toda clase de exámenes y análisis médicos antes de que estén convencidos de que son psicosomáticos y necesitan ayuda psiquiátrica.

Una mujer casada que también sufría de la piel, visitó muchos consultorios médicos en busca de alivio para su comezón. Al principio, cualquier remedio que aplicaba le proporcionaba alivio momentáneo; porque los remedios nuevos parecen proporcionar alivio por un tiempo.

Esta señora dijo: "Yo traté de ofrecer a los médicos todos los síntomas que podía, con el fin de interesarlos; porque tan pronto como descubrían o decidían que yo era nerviosa, perdían interés en mi caso. Entonces me pasaban a la enfermera para que me aplicara alguna serie de inyecciones de hormonas sexuales o de calcio. Cuando me aplicaban las pruebas para alergias y declaraban que yo no tenía nada fuera de lo común, que era un poquito alérgica hacia unas pocas cosas, yo ya sabía que estaba en las malas otra vez."

Esta paciente era cristiana; pero aunque habló de sus problemas en general, incluyendo sus puntos de vista cristianos, no ofreció ninguna evidencia ni clave para dilucidar su problema hasta que expresó su queja contra el esposo por la forma desconsiderada en que la trataba en sus relaciones conyugales. Entonces se hizo evidente por qué se rascaba los brazos, la cara y el cuello. Durante las consultas se rascaba los brazos hasta que sangraban. Hasta expresó con vergüenza el deseo de arañar al esposo por su actitud de "demandar sin amor," aunque sabía que no se atrevería a hacerlo.

Este es otro caso de ira reprimida en el que esta paciente dirigió la hostilidad contra sí misma, no fuera que la dirigiera contra el objeto de su odio y sufriera la represalia. Dijo: "Si yo le pegara, él me pegaría, y es más fuerte que yo."

Esta señora se vio aliviada de la necesidad de rascarse cuando ella y el esposo se dieron cuenta de que la dificultad básica estribaba en la falta de consideración entre ellos en todos los asuntos concernientes a la vida matrimonial.

Es el "yo"

El dermatólogo ve muchos casos de diversas formas de dermatitis, eczemas y erupciones, que son difíciles de aliviar por medio de tratamientos locales porque la tensión emotiva en la psiquis, mantiene irritada la piel.

El impulso urgente de hacer más de lo que es humanamente posible se manifiesta, a veces, por el sudor de las manos y los pies. ¿Sirve este impulso para glorificar a Dios? No. No proviene del Espíritu Santo. Proviene del viejo yo que trata de realizar algo para complacerse a sí mismo. El Espíritu no ocasiona sufrimiento psicosomático. Recordemos que es el yo el que causa todas las dificultades. Es el yo el que se irrita, el que se llena de odio, de ira, de envidia, hasta que se expresa en una enfermedad psicosomática. Es el yo el que nos enferma, no el Espíritu Santo.

Dolor psicosomático y cirugía

Las condiciones psicosomáticas no son nuevas. Siempre han existido, pero es recientemente que la medicina ha reconocido el hecho de que las emociones pueden ocasionar dolores físicos y condiciones patológicas que destruyen al cuerpo (muerte física).

Hace treinta años las escuelas de medicina enseñaban que las úlceras gástricas eran producidas por algún elemento que irritaba al estómago. Frecuentemente citaban la ilustración que sigue para comprobar la teoría: En

China se observaban úlceras estomacales en los hombres, pero rara vez en las mujeres. En ese país los hombres comían en la primera mesa cuando la comida estaba caliente, mientras que las mujeres comían después que se hubo servido a los hombres, y tenían que comer la comida fría. Se suponía que la comida caliente era el excitante que causaba las úlceras gástricas en los hombres.

La medicina actual acepta generalmente el concepto psicosomático de que ciertos individuos desarrollan úlceras gástricas bajo ciertos tipos de angustia y zozobras especiales. Algo les preocupa o, como decimos a veces, "los está comiendo". La preocupación corroe al estómago, o al duodeno, según sea el caso.

Cierto joven que era gerente de un plantel fabril, se había criado en condiciones financieras muy estrechas. Sentía un gran afán por salir de la pobreza de su niñez. De allí la gran ambición que tenía por hacerse de una buena posición en el mundo. Progresó rápidamente en la industria en la que estaba empleado, pero siempre bajo el continuo temor de verse suplantado por otros hombres que contaban con preparación universitaria, mientras que él había completado solamente sus estudios secundarios.

Sucedió lo inevitable. Un hombre fué traído de afuera para llenar un puesto que, de acuerdo a la antigüedad, le hubiera correspondido al paciente. Su estómago nervioso, que le había producido perturbaciones gástricas intermitentemente, le produjo una úlcera gástrica.

El paciente fue tratado quirúrgicamente. Le seccionaron los nervios vagos que conectan directamente el cerebro con el estómago, interceptando así los impulsos de odio, rabia, sentido de injusticia y temor, todos generados en el corazón y que iban a la mente. La cultura y la conveniencia no le habían permitido expresar los pensamientos del corazón pero, como la irritación iba creciendo, tuvo que estallar en alguna parte y de alguna manera. Los impulsos reprimidos carcomieron el estómago, porque este paciente no se atrevió a exponerlos a quien correspondía.

La operación fue un éxito, según todas las apariencias externas, porque las emociones ya no pudieron enviar impulsos al estómago que lo comieran e irritaran. ¿Estaba curado de los síntomas de su úlcera gástrica? Sí, pero la ira continuó fomentándose en su corazón y enviando los impulsos a la mente.

Este mismo paciente, varios años después de la operación, buscó ayuda psiquiátrica para el temor que había estado gestándose en su interior durante un tiempo. "Tengo miedo," dijo, "de que la gente crea que me pasa algo, y de que yo demuestre mi nerviosismo en la Compañía ante mis jefes. Ellos perderían la confianza en mí, debido a mi estado mental.

"Cuando me doy cuenta del estado en que me encuentro, me da en los nervios. Cuando temo que las piernas no me respondan, me pongo tieso y sé que camino torpemente. Cuando eso se me pasa, pienso si las manos estarán bien. ¿Qué sucedería si comenzaran a temblar mientras tomo apuntes en la reunión del directorio?

"Me encuentro en un atolladero. Si estas condiciones empeoran de modo que no pueda ir al trabajo, perderé mi empleo. Entonces me faltará el dinero para sostener la familia. Tendré que vender la casa y mudarme a un vecindario más pobre. ¿Qué acontecería con la posición social de mi familia?"

Después de pasar varios meses fuera del estado donde trabajaba, y seis semanas en un hospital, siguiendo varias clases de terapias, el origen de los temores de este hombre no había variado. Estuvo dispuesto a volver al cristianismo después de haber probado todo cuanto el mundo puede ofrecer para divertir la mente. Todas las terapias y distracciones no sirvieron para dar paz a su atribulado e inseguro corazón.

Cuando volvió a las enseñanzas cristianas recibidas en la niñez, gradualmente se olvidó de las "baratijas" religiosas convencionales que parecen gravitar sobre estas almas atormentadas. Parece que esta clase de personas, una vez que han sido desorientadas por esa literatura religiosa que apela a la mente, necesitan ser instruídas en la lectura de la Biblia con el fin de librarse del fárrago de interpretaciones psicológicas que quieren aplicar a la Palabra de Dios.

Cuando este paciente llegó a confiar en la obra que Cristo consumó en el Calvario, poco a poco aprendió a depender de Dios para sus necesidades diarias. "Mi Dios, pues, suplirá todo lo que os falta conforme a sus riquezas en gloria en Cristo Jesús" (Filipenses 4:19).

El descuido del factor psíquico

Si el tratamiento médico y quirúrgico de las enfermedades psicosomáticas no considera los factores psíquicos involucrados, el paciente puede encontrar alivio; pero no está curado, como vimos de un modo tan evidente en el caso que acabamos de relatar. La causa agravante continuará destilando veneno (ansiedad y tensión) en el cuerpo. Finalmente el enfermo volverá a sufrir, y la última condición será peor que la primera.

El paciente ulceroso que acabamos de analizar, se vio

aliviado de los síntomas ulcerosos debido a la cirujía; pero los deseos de ambición que albergaba para sí (su pecado), no fueron contrarrestados. Continuó encastillado en su yo y a la postre cayó en una condición peor: con síntomas físicos y dolencia mental.

El Gran Médico advirtió a uno de sus pacientes psicosomáticos que algo peor le sucedería si continuaba pecando. En el capítulo cinco de Juan leemos que cuando Jesús curó al hombre paralítico de su enfermedad física en el estanque de Bethesda, el paciente hizo lo que el Gran Médico le dijo: levantó su camilla y se echó a andar. Más tarde Jesús lo encontró en el templo y le advirtió que si continuaba siendo dominado por el pecado que le hizo sufrir treintiocho años, volvería a verse enfermo, y estaría peor que antes. "Después le halló Jesús en el templo, y le dijo: He aquí, has sido sanado; no peques más, porque no te venga alguna cosa peor" (Juan 5:14).

Si tú quieres enterarte de la obra del Gran Médico, de cómo curó el alma y el cuerpo de los sufrientes, encontrarás que El trató otros casos de padecimientos psicosomáticos. Sí, las enfermedades psicosomáticas son muy antiguas.

El sufrimiento psicosomático constituye un campo muy amplio de la medicina. Así que no me he propuesto escribir un tratado de medicina psicosomática, sino mostrar al lector que el cuerpo sufre cuando los cristianos nerviosos no echan diariamente su carga sobre Dios sino que tratan de llevarla sobre sus propios hombros, y permiten que se acumulen las ansiedades y las preocupaciones.

5
Eso Que Llamamos Miedo

Prácticamente todos los pacientes que acuden al psiquiatra ofrecen un síntoma básico y característico: el miedo: Los temores que apuntamos a continuación, expresados por almas que no tienen comunión con Dios, son ejemplos de miedos revelados por pacientes míos:

"Yo no sé si estoy salvo. Hace años creí estarlo. Ahora no lo sé. Ignoro el tiempo cuando ocurrió. ¿Cómo sé que creo con el corazón?"

"La enfermedad me espanta. Me acerca tanto a la muerte."

"Tengo miedo de morir. Es un sentido desolador, dejar a todos, salir y vagar en lo desconocido."

"Yo he cometido el pecado imperdonable. Sé que lo he hecho, porque Dios no oye ni contesta mis oraciones. Quiero matarme. De cualquier manera estoy perdido."

"Siento como si tuviera en la cabeza un cinturón que me aprieta. Tengo tensos los músculos del cuello. Tengo miedo de que le pase algo a mi cabeza, si no encuentro alivio pronto. Todo el tiempo me siento apretujado. Me asusta, y no sé cuánto tiempo podrá aguantar la mente mía."

"Tengo miedo de tomar la Santa Cena. Temo tomarla indignamente."

"Tengo miedo de desmayarme y que la gente se dé cuenta de que algo me pasa."

"Tengo un miedo constante en mi corazón. Sentí como si fuera a desmayar. Casi lo hice varias veces, pero nunca me he desmayado. Me puse tan nervioso que los párpados temblaban. Entonces tuve miedo de leer, miedo de que los nervios me traicionaran y que el agotamiento nervioso me dejara ciego."

"Temo volverme loco y que llegue matar a alguien."

"Tengo miedo de perder el seso en algún tiempo o lugar inoportuno y que cometa un crimen."

"Cuando me encuentro en un grupo de ambos sexos, tengo miedo de perder el control sobre mí misma y mostrarme indiscreta en presencia de los hombres."

"Temo perder la razón por causa de estos pensamientos sucios y que no puedo dominar."

"No puedo perdonarme por haber dicho a mi madre que estaba en la escuela cuando tuve mi bebé fuera del vínculo matrimonial. Mi madre falleció antes de que yo regresara. Creo que debo matarme."

"Tengo miedo de que mi bebé nazca marcado por causa de lo que yo me hice."

"Dicen que me parezco mucho a mi padre. Temo que si me caso tendré una vida tan irregular como fue la vida de mi padre. Tengo miedo de enamorarme."

"Temo enloquecer por causa de la religión. Ya vi que eso les sucedió a dos estudiantes en la escuela bíblica. ¿Qué impedirá que pierda la cabeza?"

"¿Qué me sucedería si la mente me fallara cuando sueño despierto acerca de cómo hacer para violar criaturitas?"

"Temo que la gente piense que ando mal de la cabeza, especialmente desde que papá me dijo, "¿Dónde tienes la cabeza? Parecería que anduvieras en la luna."

"Yo sé que debería dejar de tomar píldoras soporíferas; pero tengo miedo de que los médicos me las quiten, y no lo podré soportar. Temo haberme convertido en un adicto a las drogas."

"Tengo miedo de que la gente sepa que he venido a consultarlo. Me observarán para descubrir qué me pasa."

"Tengo miedo de perder el empleo. Entonces tendría que vender la casa y mudarme a un vecindario más pobre. Perdería mi categoría social."

"Tengo miedo de dormir. Tengo miedo de que muera durante el sueño."

"El corazón late con violencia y tengo dificultad en respirar. ¿Cómo hacer para evitarlo?"

Y así podríamos seguir. En los veinticinco años que tengo de práctica psiquiátrica he escuchado estos clamores medrosos, y muchas de sus variaciones. *Cada persona que consulta a un psiquiatra lo hace impulsada por el miedo.*

¿Qué hay detrás de estos temores?

Cuando el médico enfrenta al paciente siempre se pregunta: "¿Qué lo habrá enfermado? ¿Dónde radica la enfermedad?" También pregunta al enfermo cuánto tiempo ha estado así y le pide que describa los sintomas. Del mismo modo el psiquiatra que enfrenta a un paciente que le expresa un temor se pregunta: "¿Qué hay detrás de este miedo? ¿Qué lo causa?"

Por lo general el que sufre contesta a su consejero como Adán respondió a Dios, dándole los temores y los síntomas según le afectan en ese momento. En muchos casos el miedo está escondido detrás de los síntomas físicos que ha provocado, lo cual hace que el miedo sea responsable de muchos males orgánicos.

Se hace necesario que el psiquíatra exija al paciente que le proporcione la historia de su dolencia, para que los dos puedan ver cómo el paciente ha tratado de racionalizar su situación adormeciendo la mente con drogas con el fin de tapar sus preocupaciones.

Sondeando las emociones

La psicoterapia no es tarea agradable. El médico que sondea debe tener sumo cuidado de no ir muy hondo para no tocar algún nervio sensible, por decirlo así. Si lo hace, el paciente se echa atrás y dice: "¡Oh no, doctor! Yo no creo que esta sea la condición de mi caso. Yo no tengo la culpa. Otros la tienen."

¿Que esto suena raro? Es posible que el lector crea que él no sería culpable de dar semejante excusa. Pero Adán lo fue, y así son todos sus descendientes.

Mientras el psiquiatra cristiano pesa los hechos que el paciente expone, es esencial que avalúe la etapa del desarrollo espiritual de esa persona. ¿En qué momento del crecimiento espiritual del paciente apareció el dragón devorador que susurró las dudas que motivaron que quitara la mirada de Dios y la fijara en sí mismo? Cuanto más introspectivo y dudoso se vuelva, tanto menos dependerá de "la armadura de Dios," hasta que se encuentre totalmente atado al yo, derrotado totalmente por el adversario.

Cuando las fuerzas del mal consiguen que el cristiano rompa su comunión con Dios, el cristiano sufre y manifiesta síntomas de dudas y ansiedad, vale decir, los llamados síntomas nerviosos. Si este estado espiritual no se corrige en seguida, no pasará mucho tiempo antes de que la tensión corporal y los síntomas físicos aparezcan. Naturalmente, esta última condición es más difícil de vencer que la anterior, porque el paciente da demasiada importancia a los síntomas corporales como la causa de su nerviosismo, olvidando qué es lo que produjo los síntomas corporales en primera instancia.

Ilustremos: Adán dijo a su Médico que tenía miedo porque estaba desnudo. Adán hizo una gran alharaca de su síntoma corporal: la desnudez. Insistió que la la desnudez lo ponía temeroso (nervioso). Dios le recordó el momento en que quitó la mirada que tenía puesta en Dios, cuando caviló sobre la mentira de Satanás (dudaba), fue vencido por éste y comió del fruto del árbol prohibido. Del mismo modo, la psicoterapia cristiana no tendrá éxito a menos que sepamos cuándo, dónde y cómo el adversario consiguió detener el desarrollo espiritual del cristiano.

Al paciente se le podría aliviar de sus síntomas usando tranquilizantes e infundiéndole confianza, haciéndole creer que ya está curado. Pero a menos que sepa cuándo y cómo el adversario lo sorprende desprevenido, carece de protección y continúa viviendo en un estado de temor.

Las reacciones de los cristianos

Los cristianos que buscan consejos psiquiátricos, pueden separarse en dos grupos: los que buscan información sobre su problema, y aquellos que buscan justificativos para su modo de vivir.

Cuando el cristiano espiritual busca la ayuda psicoterápica, está dispuesto a ir al grano. No se ofende porque el profesional trata de colocarlo frente a frente con los hechos. Está dispuesto a examinar y valorar su actitud hacia Dios impulsado por un sentido de humildad y deseo de agradarle. Busca con sinceridad el rostro de Dios y la comunión con El. El cristiano espiritual coopera y facilita el pronto restablecimiento.

Cuando el cristiano mundano busca el tratamiento, no se lo puede distinguir fácilmente de los cristianos nominales, de los cristianos profesantes, de los miembros de iglesia profesantes o de quienes pertenecen a "la multitud mixta" que se asocia con el pueblo de Dios e imita la parte visible de la religión sin tener fe.

Los cristianos mundanos buscan claramente ser elogiados. No son humildes e insultan a Dios estableciendo sus propias normas. De ellos habla el apóstol Pablo cuando dice que quienes se recomiendan a sí mismos se miden a sí mismos entre sí y se comparan consigo mismos (2 Corintios 10:12). Por lo general resisten a Dios y son rebeldes, como si los malos espíritus que los han engañado y vencido los empujaran contra todo lo que procede de Dios. Sin embargo, creen que Dios debería mostrarse más benevolente con ellos. Esto pasa comúnmente con quienes dejaron de ser cristianos hace mucho tiempo.

Esta clase de gente se resiente de que se sondeen sus problemas, se muestran hostiles al menor intento, y echan la culpa al psiquiatra por el fracaso del tratamiento. Esta reacción es la vieja reacción satánica que primeramente se reveló en Adán.

Cuando Dios le mostró a Adán el origen de su miedo, ¿lo aceptó? Inmediatamente Adán trató de cambiar de tema y echar la culpa sobre otro. Fue un descarado. No sólo culpó a su esposa, sino que le dijo a Dios que El tenía la culpa por haberle dado una ayuda tan inestable. "Y el hombre respondió: La mujer que me diste por compañera me dio del árbol" (Génesis 3:12).

Es muy común que los sermones que tratan este asunto hagan un chiste a expensas de la mujer, ocultando la lección verdadera encerrada en este pasaje, es decir, que Adán culpó a Dios por su pecado. Esta actitud rebelde y odiosa expresada por Adán después que hubo quebrantado su armonía con Dios, tiene su paralelo en el cristiano de nuestros días que también ha violado su comunión con Dios y está impulsado por Satanás para que haga su propia voluntad. Cuando los cristianos se encuentran en esta situación, se vuelven descarados, carentes de amor y se muestran remisos en cooperar con quienes desean ayudarles, precisamente porque están impulsados por malas influencias enviadas por "el príncipe de la potestad del aire" para que los domine.

El primer pecado - El primer temor

Se dice claramente que Dios vino al jardín para conversar con Adán por la mañana, "al aire del día." Pero una vez que el temor se apoderó de Adán, esquivó a Dios ocultándose entre los árboles. Nosotros sabemos, por supuesto, que le dio miedo. Había comido del árbol prohibido. Se había rebelado contra Dios, *y la rebelión contra Dios es pecado.*

¿Acaso leemos que Adán tuviera miedo antes de participar del árbol prohibido? ¿Tuvo miedo antes de que pecara? Esta es la clave que deben usar mis lectores cristianos cuando avalúan los problemas de la culpabilidad, la preocupación, la ansiedad, la llamada nerviosidad o agotamiento nervioso, y otros muchos problemas asociados con el sufrimiento mental de quienes se ven vencidos por el temor.

El hombre o la mujer que teme no está en armonía

completa con Dios, porque "el perfecto amor echa fuera el temor" (1 Juan 4:18).

El modelo emocional para todas las generaciones

Cuando Adán dio las espaldas a Dios, estableció un modelo emocional para tratar con la culpabilidad, el temor y el pecado, que todavía usan sus descendientes seis mil años más tarde.

Adán no se volvió a Dios, a quien había ofendido, para pedirle perdón. Procedió a cubrir su culpa y pecado por medio de su propio artificio. En Génesis 3:7 leemos que "Cosieron hojas de higuera, y se hicieron delantales." Esta fue la solución que Adán encontró para cubrir la desnudez y el pecado de los dos.

Los planes que uno mismo fragua para cubrir el pecado no tienen efecto duradero en la conciencia culpable. Los sedantes y las nuevas drogas tranquilizantes adormecen el cerebro; los placeres lujuriosos desvían a la mente de los cuidados y las preocupaciones, y los pasatiempos mantienen a la mente ocupada; pero todas son medidas temporarias inventadas por el hombre.

Parece que los pacientes temerosos (nerviosos) encuentran cierto alivio haciendo algo para sí mismos. La incitación a estar haciendo algo es un impulso satánico para tener la mente ocupada. Pero los planes que uno mismo fragua para tapar el pecado no pueden dar paz a la mente mientras el alma no haya sido limpiada de su culpa. *Nada menos que la sangre que Cristo derramó en el Calvario puede limpiar la conciencia culpable.*

No se nos dice que Adán temiera mientras amaba a Dios y mantenía comunión con El. Temió después que pecó. Los cristianos espirituales testifican a esta verdad en el día de hoy: Que mientras aman a Dios y meditan en su voluntad para la vida, no temen. "En amor no hay temor; mas el perfecto amor echa fuera el temor" (1 Juan 4:18).

Cuando el cristiano espiritual teme, examina su corazón para descubrir qué iniquidad se interpone entre él y Dios. El cristiano mundano, en cambio, como ama al mundo más que a Dios, inventa planes "que al hombre parecen derechos," cuando quiere satisfacer su vieja naturaleza sensual.

Cuando las personas nerviosas (temerosas, ansiosas o preocupadas) se sienten tentadas a dar las espaldas a Dios, no lo hacen porque sean ciegas. Tienen conciencia de que quebrantan su comunión con Dios, tan cierto como Adán cuando pecó. Pero, igual que Adán, van de un taparrabo a otro. Como Dios es paciente y misericordioso y no los consume cuando le quitan a él sus afectos para ponerlos en el mundo de Satanás, creen que sus propios inventos tienen éxito.

Por mantenerse ocupados con sus propios inventos, pueden cauterizar la conciencia durante meses y años hasta que ya no sienten nada, o hasta que vienen a comprender que los tiene sujetos el temor de los temores. Entoncs claman por ayuda, y hacen creer a los amigos que la nerviosidad (el temor) los tomó de sorpresa. *Nunca aparece de la noche a la mañana.* Lo cierto es que han estado probando este plan y aquél hasta que no queda ninguno que pueda acallar al alma angustiada que ha vagado lejos de Dios durante tanto tiempo. Es entonces cuando los tales pacientes claman: "Dios está muy lejos. No puedo alcanzarlo. No escucha mis oraciones."

El temor - La falta de fe

Básicamente se puede decir que todos los cristianos temerosos revelan poseer un común denominador: no mantienen comunión con Dios. Los primeros amagos de miedo deberían indicarles que no caminan con Dios. No tienen colocada "toda la armadura de Dios." No llevan "el escudo de la fe" con el que puedan "apagar todos los dardos de fuego del maligno", los dardos que encienden la duda y el temor.

Cuando los cristianos no se toman "la armadura de Dios" para protegerse, quitan los ojos de Jesús y los ponen en sí mismos. Entonces se hallan atados a sí mismos, llegan a ser esclavos de Satanás, y se asemejan a ramas secas que ya no extraen la savia de la vid y no dan fruto.

El cristiano que es víctima del miedo ha perdido su testimonio por Dios. La culpa no es de Dios. Muchos pacientes, incapaces de tener contacto con Dios en la oración porque se hallan fuera de comunión con El, acusan a Dios de castigarlos de esa manera. Sin duda esto resulta de un sentimiento subconsciente de culpabilidad. Sin embargo, los cristianos se muestran reacios y no quieren admitir que sufren por su propia culpa. Recuerda, lector, que Dios no tuvo la culpa de que Adán se viera acosado por el miedo. *El atrajo el temor sobre sí mismo.*

Parece que muchos cristianos, después de sufrir muchos años, suponen que Dios haya pasado por alto o se haya olvidado del tiempo cuando ellos se volvieron al mundo y abandonaron "su primer amor." La mayor parte de estos pacientes no se han arrepentido de veras de su apostasía, y efectúan obras religiosas para cubrir sus pecados.

La Palabra de Dios especifica que "el escudo de la fe" es la parte más importante de "la armadura" del creyente. Por eso dice: "Sobre todo, tomando el escudo de la fe, con que podáis apagar todos los dardos de fuego del maligno" (Efesios 6:16).

Vencidos por el temor - Atados a sí mismos

La persona vencida por el miedo, obsesionada por el temor, atormentada y agitada de continuo por el temor, no tiene libre la mente. No puede abrirla para escuchar lo que se le dice. La mente ha sido vencida por el temor de los temores. Imagina que un poco más de miedo provocará confusión mental y se verá separada de sus amistades. Entonces podría cometer crímenes y otros actos fuera de su control, lo que lo separaría aún más de aquellos que lo rodean. Como me dijo una enferma: "Tengo miedo de convertirme en una estrella errante, condenada para siempre a "la oscuridad de las tinieblas", flotando en el espacio hasta que choque contra algo."

Cuando el enfermo llega a este estado, es un problema atenderlo. Todo su ser se ha convertido en tinieblas; ha pasado de Cristo al yo. Todo cuanto oye, ve, siente o piensa, sugiere un temor que va a vencerle. Cuando lee el diario, parece que sus ojos tienen la rara virtud de encontrar todas las palabras relacionadas con afecciones mentales. Palabras como "insano," "suicida," "loco," "neurótico,' "mental,' y "manicomio" parecen estar impresas en negritas. Se ve impelido a leer la noticia aunque no quiera. Tiene que saber qué le aconteció a esa otra persona y hasta dónde el caso de él cuadra con el suyo. Si acaso el informe pronostique cosas malas, entonces el lector se siente peor.

A pesar de todas las precauciones que tome para evitar

contactos y sugerencias que inciten su miedo, es seguro que los encontrará en cada codo del camino, porque no puede vivir en el vacío. Además tendría temor de encontrarse aislado, temor de los pensamientos que pudieran acometerle.

Durante alguna conversación recoge frases dudosas y las aplica a sí mismo. Si un amigo determinado formula planes y le dice: "Cuando mejores podrás hacer esto y aquello," en seguida se prende de la palabra *cuando*, que para él significa incertidumbre, posiblemente duda, en lo que respecta a si se mejorará o no.

Con todo, si consulta a un psiquiatra que practica alguna terapia novedosa, siempre tiene esperanza, especialmente si ese profesional consigue dar prominencia a su tratamiento aduciendo que se aplica en tal o cual centro médico de fama. Pero si es un tratamiento que antes fracasó en su caso, teme que el psiquiatra no es lo que debe ser y que está experimentando con él.

A los pacientes dominados por el miedo o maniatados a su propio yo, la oración y la lectura de la Biblia poco o nada les interesan. Ellos creen que sus amigos, bien intencionados, emplean la religión como último recurso. Su actitud y su capacidad para comprender lo espiritual, dependerán de su condición espiritual anterior, ya sean creyentes duros de corazón o cristianos espirituales que quitaron su mirada de Jesús para seguir las circunstancias engañosas con las que Satanás los engatuzó para que trataran de ir en sus propias fuerzas. De cualquier manera, la persona fuera de comunión ha vuelto a la razón; así que espera de una manera mágica salvarse del miedo.

La persona temerosa se halla tan absorta por su propio miedo, que la mente capta solamente una porción pequeña de lo que se le dice. Esto quiere decir que la mayor parte de su pensamiento se halla atado a su yo.

Atado al yo - Atado a Satanás

Sobre este particular escribo especialmente para los cristianos espirituales. Yo sé perfectamente que la iglesia casi guarda silencio sobre los demonios y las fuerzas del mal. Sin embargo la Biblia, desde Génesis hasta Apocalipsis, enseña claramente que Satanás, "el príncipe de la potestad del aire," y su hueste de emisarios demoníacos oprimen a los hijos de Dios.

Los hombres y las mujeres poseídos del temor al miedo no sólo demuestran que una influencia poderosa los ata a sí mismos, sino que frecuentemente lo expresan con palabras. Como lo dijo un paciente, "Yo estoy atrapado. Pero, ¿cómo salir? Mirando atrás, sé cómo llegué a este punto, pero fue un asunto tan gradual a lo largo de muchos años que no me di cuenta de mi aprieto hasta que estuve apresado. Quiero curarme. Espero que usted me ayude, pero cuando usted me habla de Jesús, hay algo en mí que me dice que debo gritar: '¡No! ¡No!'."

Otro paciente me dijo: "Mi cabeza da vueltas como un torbellino. Yo creo que si le escucho a usted mi mente se obscurecerá por completo."

Las fuerzas del mal, activadas por "el príncipe de la potestad del aire," no sólo influyen, oprimen, atormentan y atan a los hijos de Dios que se descuidan y no usan "toda la armadura de Dios," sino que Satanás, cuando los ata a su propio yo, emplea varios métodos para mantenerlos sujetos a su control.

Cuando tratan de volver a Dios, Satanás los desalienta bloqueando sus oraciones e impidiendo que lean las Escrituras.

Entre la gente que no es cristiana evangélica existe una idea falsa, que pasa como hecho científico, y es que si el paciente se empeña por leer la Biblia y ora a Dios, la religión lo volverá insano. Semejante falsedad ha impedido que muchas personas sinceras buscaran al Señor Jesucristo, y ha hecho que muchos cristianos quedaran espiritualmente anémicos porque han tenido miedo de buscar la verdad en las Escrituras. *Nadie jamás ha perdido el juicio por el hecho de haber leído la Biblia o mantenido comunión con Dios.*

¿A quién iremos?

Un día Simón Pedro formuló una pregunta al Señor Jesús que bien haría cada cristiano en preguntar a Cristo cuando se hace necesario buscar ayuda en momentos de sufrimiento: "¿A quién iremos?"

Los cristianos espirituales no esperan recibir ayuda de las personas que no sean creyentes, en lo que toca a sus problemas del temor y la ansiedad, porque saben que tales personas no pueden entender los problemas del alma. Por lo general quieren estar bien seguros de que el que los aconseja sea una persona verdaderamente nacida de nuevo, que ama al Señor Jesucristo, y es muy común que le pregunten si es cristiano. Una enferma cristiana que quiso asegurarse sobre este particular antes de comenzar el tratamiento, me preguntó sin rodeos: "¿Y cuál es la relación que usted mantiene con el Señor?"

Los consejeros cristianos son "embajadores de Cristo" que interceden "en lugar de Cristo" por quienes están vencidos por el miedo. El amor redentor de Dios es lo que mueve a los cristianos a interceder con El en favor de otros cristianos que son víctimas del temor, pero recordando siempre que es solamente por la gracia de Dios que nosotros hemos sido enseñados y fortalecidos para que pudiésemos apropiarnos la fe de Dios y estar así capacitados para evitar los pozos que causaron el tropezadero de las tales personas.

Debemos darnos cuenta de que muy a menudo nosotros mismos no vemos la sutileza de las trampas que nos hacen caer, y así no debemos hacernos jueces de esos cristianos, sino que debemos ser compasivos. "Acordaos de los presos, como presos juntamente con ellos" (Hebreos 13:3)

Con esta actitud hacia quienes se sienten ansiosos y temerosos, el consejero cristiano les inspira confianza para que vean el deseo que tiene de ayudarlos. Esta es la primera y más grande valla que el sufriente tiene que vencer antes de poder revelar confiadamente lo que ha ocultado tan cuidadosamnte de los demás.

El cristiano mundano, que ha quebrado su comunión con Dios y se ha llenado de miedo, porque perdió la confianza en sí mismo y en sus semejantes, trata de encontrar en quien confiar, a alguien que no sea necesariamente cristiano. Durante el proceso psicoterápico aprende a confiar en su consejero. La simpatía es esencial para que el paciente se beneficie con el tratamiento. El consejero imparte lo que hay en su alma, e influye en el alma del paciente hacia Cristo, o a alguna otra deidad fuera de Cristo. ¡No existe neutralidad en este asunto! O se está en Cristo, o contra Cristo.

Muchos cristianos carnales y mundanos creen que pueden curarse de la llamada nerviosidad recurriendo a las terapias psicológicas modernas. Los pacientes pueden ser ayudados por esos tratamientos y aliviarse de ciertos síntomas; *pero esto no los libra del miedo y del sentido de culpabilidad.* Yo nunca he visto que el razonamiento psicológico del hombre haya sacado a nadie del estado mundano o lo haya acercado más a Dios. El hecho de desviar el temor, de tapar el temor u olvidar el temor no trae paz al alma ni la libra de una conciencia acusadora. Solamente cuando se vence el miedo por medio de la sangre derramada de Cristo puede quedarse la conciencia limpiada de la culpa, librada del temor, y el alma tiene paz.

Los pacientes psiquiátricos se muestran esquivos a buscar ayuda antes de ser vencidos por el temor. Parecen resueltos a ocultar todos sus pensamientos, acciones y reacciones, y están dispuestos a aguantar durante años esa situación antes de poder cobrar ánimo suficiente como para elegir el consejero que según creen concuerde con la filosofía de vida que se han formado.

Cuanto más mundano es el cristiano en su modo de vivir, tanto más se resiste a escuchar la verdad acerca de lo que causó su temor; y tiene sumo cuidado en la elección de su consejero. Los cristianos mundanos son propensos a ir en pos de las psicologías de los hombres, que ofrecen paz al sufriente "como el mundo la da" —es decir, el ajuste a la modalidad del mundo presente y apartado de Cristo.

Ciertos pacientes son dominados por más orgullo que otros: hay que defender el yo, la propia estima. Muchas veces hemos oído decir: "Yo no quisiera ir a ver a mi pastor. El sabe toda mi historia." En vez de eso el paciente acude a uno que no sabe nada de él, para que pueda decirle al consejero solamente lo que le parezca para así determinar el modo de pensar del consejero. Este engaño en el corazón del paciente es lo que ocasiona muchos fracasos en el tratamiento, y es la razón de que muchos continúen esclavizados al miedo durante toda la vida.

Es bastante común ver a cristianos sensitivos decidirse de repente, aun durante el período psicoterápico "Ahora creo que puedo ir a mi casa y resolver el problema por mí mismo. Ya sé qué hacer." Pero no lo hacen. Tarde o temprano acuden a otra parte para buscar tratamiento. Los pacientes que se sienten desilusionados por tratamientos anteriores, andan cautelosa y astutamente, para estar seguros del terreno que pisan. A veces dicen: "Yo le dije todo y después no hizo nada por mí"... "Me hizo pedazos, pero luego no supo armarme de nuevo." Semejantes situaciones son lamentables, pero el cristiano no debe esperar que el que no es cristiano pueda ayudarle con su problema. Es injusto esperar que comprenda las cosas espirituales que sólo pueden ser discernidas por el Espíritu de Dios que mora en el creyente. Es una rebeldía de parte de los hijos redimidos de Dios, comprados por sangre, que le den a El las espaldas para acudir al mundo en busca de la solución de sus problemas espirituales.

Cristiano creyente: recuerda que cuando el Señor Jesús preguntó a los discípulos si querían irse (al mundo), Pedro contestó diciendo: "Tú tienes palabras de vida eterna" (Juan 6:68).

El cristiano espiritual confía en que Cristo le guiará, así como nuestros padres terrenales solían tomarnos de la mano para guiarnos en medio de situaciones difíciles y peligrosas. Eso no quitaba el objeto del miedo ni nos lo hacía olvidar; pero ya no teníamos miedo, porque confiábamos en nuestros padres. Del mismo modo, desde que estamos en Cristo, El nos guía para que venzamos.

La confesión

La persona que relata un síntoma al psiquiatra no se está confesando. ¿Confesó Adán que él había comido del fruto prohibido y que era culpable de muerte? ¡No! Explicó a Dios 'un síntoma' que apareció como resultado de su pecado: "Tuve miedo, porque estaba desnudo; y escondíme" (Génesis 3:10). Del mismo modo todos los pacientes confiesan invariablemente al consejero los síntomas, que son las consecuencias de lo que ocultan. "El temor tiene pena" (Juan 4:18), y esos pacientes quieren ser librados de la pena (miedo) que los está castigando. El paciente temeroso quiere tener la conciencia limpiada de ansiedad y culpa. Esto no se puede conseguir tratando los síntomas. El paciente tiene que confesar el pecado que le hace culpable. Pero la confesión tiene que basarse sobre algo más substancial que una liberación psicológica, que es lo que muchas personas experimentan cuando solamente confiesan algo. Si es que en la confesión ha de haber valor terapéutico permanente, el paciente tiene que comprender que únicamente la confsión hecha de corazón y el arrepentimiento delante de Dios traerán sanidad a su alma y paz a su conciencia.

La confesión no supone un análisis detallado de la memoria subconsciente. Tampoco debe haber un recuento de todas las imágenes lujuriosas que han pasado por la mente, convirtiendo al pecado en algo común en vez de ser algo que debe ser detestado. El asunto de sondear las capas subconscientes de la racionalización es necesario y valioso para el paciente solamente cuando le ayuda a comprender cómo llegó a ser tan sin esperanza atado al yo. Pero el creyente no necesita un análisis largo y tedioso de las varias capas de la subconsciencia.

El cristiano no trata de desviar cada problema a nuevos canales. Procura descubrir cómo se desvió él de Dios y trata de regresar al Calvario. El paciente debe adquirir la comprensión de su modo de vivir —cómo Satanás pudo enredarlo y devorarlo, y qué hacer para evitar que vuelvan sus síntomas. Cuando Jesús curó al hombre paralítico del estanque de Betesda, más tarde lo buscó para decirle que tuviera cuidado del modo cómo vivía: "No peques más, porque no te venga alguna cosa peor" (Juan 5:14).

La oración

La oración y la comunión con Dios por medio de su Palabra, son elementos esenciales para el cristiano que quiere vencer su miedo.

El cristiano espiritual que ha permitido que sus preocupaciones y ansiedades interrumpan su vida de oración, sabe que teme porque no ha echado sus cuitas sobre el Señor y ha permitido que los cuidados de la vida presente se coloquen entre él y su Salvador. Pero necesita el auxilio de la psicoterapia para comprender cómo, cuándo y dónde Satanás lo engañó, de modo que sepa por cuáles cosas debe orar específicamente.

Bien pronto se da cuenta de que no sirve para nada clamar al Señor por alivio de sus males si primero no ha sido curado de las causas que los provocan. Ha buscado voluntariamente la psicoterapia, y está dispuesto a cooperar, de modo que pronto comprende el hecho de que sus males abarcan más que la mente, que llegan hasta el alma, y que la mente no tiene absolutamente nada.

Cuando el cristiano espiritual comprende así su problema, pronto descubre que su temor ha sido vencido por su comunión con el Señor mediante la oración y la lectura de la Palabra.

En cambio, el cristiano mundano presenta un problema de la psicoterapia totalmente distinto. Para éste la oración es, más o menos, un ejercicio psicológico o emocional que debe aliviarlo milagrosamente de sus temores. Espera vagamente que la oración pueda hacer alguna cosa en su favor, aunque no lo cree en realidad.

Le agradaría mucho más consultar a un consejero "religioso," o ser tratado por medio de la psiquiatría académica; pero debido a la presión que ejercen los parientes, va de mala gana al psiquiatra cristiano en la esperanza de que, después de todo, haya de aprobar su modo de vivir.

No cree que su sufrimiento tenga nada que ver con su estado espiritual, de modo que, si ha de haber oración alguna, espera que el psiquiatra la haga. Pero a menos que, o hasta que cambie su modo de pensar, la oración no servirá de nada en su caso, porque Dios establece un requisito definido para contestar la oración: "Si estuviereis en mí, y mis palabras estuvieren en vosotros, pedid todo lo que quisiereis, y os será hecho" (Juan 15:7).

El cristiano carnal constituye un verdadero problema para la psicoterapia. Está obsesionado del temor, atado a su yo y completamente envuelto en sí. Sus propias palabras revelan que no mantiene conexión con "La Planta Central," y que se siente perdido sin esa ayuda. ¿Acaso no dice a menudo, "No puedo leer la Biblia ni orar"? ¡Y no puede!

No puede orar, porque los pensamientos del cristiano carnal y nervioso conciernen solamente a una persona:

a sí mismo. Y la oración comprende dos personas: la persona que ora y la Persona a quien ora.

El cristiano carnal cree que alguna clase de terapia tiene que curarlo rápidamente, y por eso ora: "Padre, quítame este sufrimiento." El gran problema que confronta la psicoterapia con el cristiano carnal es el de hacerle ver que su sufrimiento viene desarrollándose durante mucho tiempo, y que no puede esperar que unas pocas consultas psiquiátricas realicen en él una cura milagrosa.

El cristiano carnal tiene que ir hacia atrás, muy atrás, porque generalmente está muy atrás el punto donde perdió "el primer amor." Arrinconó al gran Amante de su alma, y él se ha convertido en su propio amante.

Debemos mostrarnos compasivos con el cristiano carnal que es víctima del temor. Nadie debe excusarse de no interceder por él diciendo: "Ore usted sobre ello. Hay que tener fe." Eso lo ha oído hasta el cansancio. Si fuese tan fácil, él oraría y despacharía su enfermedad. Pero no puede orar para librarse de sus males, porque no sabe por qué cosa orar.

Confesión, arrepentimiento y salvación

La siguiente historia clínica, extraída de mis primeras experiencias en la práctica privada de la psiquiatría, la cito aquí, no para describir los presentimientos ansiosos de las cosas del más allá de cierto paciente, sino para mostrar también cómo estaba trabajando la mano de Dios para despertarme y hacerme comprender que el temor es una angustia del alma más bien que un proceso mental que puede ser desarraigado por la psiquiatría académica.

Se trataba de una joven señora que vivía con su esposo, madre de una criatura y en aquel entonces embarazada de varios meses, pero que tenía el temor de que la criatura que estaba por nacer estuviese marcada o naciera deforme. Después de muchas preguntas y conversaciones, ella me reveló el temor de que tal mal podría sobrevenir a la criatura que iba a nacer, porque ella había cometido un aborto anteriormente.

Al mismo tiempo me pedía que la aliviara del temor torturante que la atormentaba de día y de noche: de morir e ir al infierno. Esos temores eran peores de noche, o en las horas de la madrugada cuando los sedantes habían perdido su efecto. De día los acallaba ocupando la mente con los trabajos de la casa.

Varias noches durante la psicoterapia, antes de que el miedo pudiera ser vencido, esta paciente se despertaba presa de sueños terribles y luego no podía dormirse. Con frecuencia me llamaba a las dos o tres de la madrugada para relatar su espantosa reacción frente a los sueños horrorosos en que se veía ya para ser arrojada al infierno.

Todos los sueños giraban alrededor de la idea central de ser castigada en el infierno por su mal comportamiento en la vida. Relató varios sueños; pero uno de ellos se repitió varias veces durante la primera parte de la enfermedad, con pocas variantes.

EL SUEÑO: La paciente montaba una bicicleta que corría en una canaleta que circunscribía un globo enorme que representaba la tierra. Una persona estaba sentada en el globo haciendo las veces de "maestro de ceremonias" y dirigiendo las actividades de ella con alegría sádica, porque la tenía completamente bajo su dominio. Fuera de la canaleta, alejado del planeta, todo era oscuridad, mientras que del negro abismo salían bocanadas de humo, llamas de fuego y olores pestíferos. Podía oír el llanto de bebés, y de gente que clamaba y pedía que por misericordia la sacaran del tormento del infierno. Del abismo cavernoso salía un ruido demoníco ensordecedor que rompía los nervios.

El maestro de ceremonias la obligaba a correr a gran velocidad al borde de la canaleta, exigiendo que diera un número determinado de vueltas antes de que sonara el gong, porque de no hacerlo sería arrojada al infierno. Mientras ella corría en bicicleta tenía que contestar adivinanzas. Si se equivocaba al dar la respuesta, se exponía a perder el equilibrio y caer en el abismo. Era entonces que despertaba presa de un terror pánico, y no podía conciliar el sueño nuevamente por temor de repetir lo que había soñado.

Luego, pasaba días y noches obsesionada por la idea de que percibía olor a cabellos y uñas quemadas, parecido al hedor repugnante que se huele cuando les queman los cascos a los caballos que están por herrar. Podía escuchar el llanto, los quejidos y las súplicas de la gente que rogaba se los librara de tortura y que provenía de debajo de la tierra. Y allí finalizaba el sueño.

Cuando el sentido olfativo de la paciente estaba activado por el miedo, hasta podía ver subir el humo. Durante las consultas, solía beber a cada rato sorbos de agua para mojar la lengua que se le ponía seca, caliente y hasta quemante. Cuando parecía intensamente temerosa del infierno, casi no salivaba.

Algunos de los síntomas de esta paciente sugieren el relato del capítulo 16 de Lucas. Uno podría suponer que lo había oído y que estaba convicta de sus pecados.

Pero ella insistía en que nunca había oído el relato hasta que yo se lo leí de la Biblia, después que me relató los sueños relacionados con el infierno. Hasta donde podía recordar, jamás había asistido a la escuela dominical ni a ningún culto evangélico.

Examinemos ahora los antecedentes de esta señora. Toda su vida había estado asociada a actividades de los bajos fondos. El padre, los hermanos y el esposo pertenecían a una organización de contrabandistas de bebidas alcohólicas. Ella hacía de vía de enlace con un médico que vivía del aborto en otra ciudad. La vida de la familia estaba influída por una adivinadora que tuvo la rara habilidad de revelar actividades de los bajos fondos y predijo la muerte de un hermano de la paciente, la cual ocurrió. Y fue la adivinadora quien dijo a la madre de la paciente que ésta estaba visitando a un psiquiatra.

Cuando esta paciente apareció en mi consultorio, yo quise conservarme dentro de los límites de mi psiquiatría académica, dada la preparación que había recibido. Con todo, me percaté de que esta enferma presentaba un cuadro que no era mental, sino del alma. Era indudable que la mente expresaba declaraciones grotescas; no que la mente estuviera enferma, sino que como el alma estaba enferma y sufría, la mente traslucía el conflicto interior.

La psiquiatría académica acepta los síntomas mencionados como las invenciones de una mente "enferma." Pero los sedantes, razonamientos, exhortaciones y diversiones le dieron una paz temporaria solamente — "como el mundo la da." De modo que, a pesar de mi preparación en psiquiatría académica, cedí a mis convicciones íntimas y envié a esta enferma a una reunión evangélica de avivamiento que tenía lugar en esos momentos. Una noche, cuando desde el púlpito se hizo el llamado a las personas que quisieran pasar al frente para dar testimonio de que aceptaban al Señor Jesucristo como su Salvador personal, ella fue y tomó esa resolución.

Poco tiempo después de haber sido salvada, ella relató un sueño que expresaba la esperanza y la confianza del cielo en vez de los terrores de la muerte y del infierno. Soñó que una inundación peligrosa había rodeado su casa, la que, en el sueño, estaba situada en una isla baja. El esposo pidió prestada una lancha a motor para poner a salvo a la familia. Aunque había remolinos y pasajes peligrosos que atravesar, ella estaba segura de que ella, su esposo y el hijito pronto llegarían a la orilla a salvo. Ella no quería que el esposo devolviera la lancha, por si acaso no volviera a la familia. (El esposo no se había convertido todavía en aquel entonces.) Más tarde en el sueño ella se vio caminando tranquilamente por la playa de un país hermoso, acompañada por su esposo y sus cuatro hijos. (En aquel momento no tenía más que un hijito y el que estaba esperando).

Cuando se le pidió a la paciente que expusiera sus ideas relacionadas con los cuatro hijos, explicó que en el sueño llevaba un bebé en los brazos, y que era una criatura perfectamente normal. (Antes de su conversión temía que su hijo estuviera marcado o fuera anormal). Luego agregó que la edad probable de los otros dos hijos del sueño estaba entre su hijo mayor y el bebé. Después de pensar un momento dijo que los hijos que habrían nacido si no hubiera recurrido al aborto tendrían la edad de los niños que había visto en la playa del nuevo país. Entonces confesó que tuvo dos abortos y no uno, y que casi perdió la vida durante el segundo, y que eso la había decidido seguir con el curso de su embarazo actual.

En el primer sueño ella se vio montada en bicicleta y vestida de un traje de guinga. Era la ropa que llevaba puesta cuando ocurrió el segundo aborto que casi le costó la vida. La asociación de ideas que la paciente reveló con respecto al maestro de ceremonias del primer sueño, puso de manifiesto que le recordaba al profesional que realizó el aborto, a quien ella detestaba vehementemente porque no sólo le cobró honorarios por sus servicios, sino que se apoderó de sus joyas y abusó de ella antes de practicar la operación. Ella estaba furiosa, pero indefensa, puesto que no podía vengarse de él debido a las implicaciones ilegales que los comprometían.

Después de que esta enferma comprendió cabalmente el significado de la sangre expiatoria de Cristo derramada en el Calvario por sus pecados, se recobró de un modo extraordinario. Se convirtió en una nueva criatura en Cristo Jesús, rompiendo totalmente con su antiguo modo de vivir. Ya no tuvo temores de ser castigada por sus pecados pasados, ni más temor del infierno, ni más sueños del infierno. *Su mente halló paz, porque su alma descansaba en el Señor.*

Venciendo el temor

Los temores de los cuales habla la gente tienen sus raíces en el temor a la muerte espiritual — la separación de Dios. El cristiano que permite que los cuidados y las ansiedades de este mundo se interpongan entre él y Dios hasta que se halla bajo la servidumbre del temor, teme porque sabe que está separado de Dios.

¿Qué debe hacer entonces el cristiano cuando teme?

El cristiano que siente temor debe volver sus pensamientos al Calvario y tener una visión del amor redentor de Cristo para él. Debe meditar, momento tras momento, sobre lo que Cristo hizo y cómo venció. Debe recordar que el miedo viene aumentándose durante mucho tiempo; por consiguiente, no debe esperar que toda esa modalidad cambie de la noche a la mañana. La liberación del temor, y el mantenerse librado, es cosa de depender cada momento de la fidelidad de Cristo.

Pero no todo temor es malo. Hay un temor, un instinto dado por Dios, por el cual El proteje nuestro cuerpo contra peligros potenciales. Si no fuera así, nos veríamos perjudicados constantemente. Esto no quiere decir que debemos vivir en perpetuo temor a lo que nos pueda acontecer; pero sí significa que debemos confiar en Dios para nuestra seguridad física. Nada puede acontecerle al cristiano sin que se interese Cristo, por que El vive en el creyente.

Los cristianos no deben asombrarse de que a veces teman. Muchos santos bíblicos se vieron acometidos por el temor, pero no se vieron ni arrastrados ni vencidos por él. El apóstol Pablo dijo: "De dentro, temores" (2 Corintios 7:5), pero no permitió que lo vencieran. Se sobrepuso a los temores mediante el Espíritu de Cristo que moraba en él.

"Teme" y "no temas" no son paradojas para el creyente. La Biblia habla de un temor que sólo puede experimentar el cristiano espiritual. "El temor del Señor" no es miedo como la frase parece implicar. No es miedo a la ira de Dios. Es, más bien, el temor reverente, profundo, y un deseo de servirle, de estar con El, de no estar nunca separado de El.

EL TEMOR DEL SEÑOR DESPLAZA A TODA OTRA CLASE DE TEMOR.

6
La Mente Sujeta a la Sangre

Miles y más miles de personas incluso muchos cristianos, se ven asediadas por preocupaciones, temores, ansiedades, dudas. Sin embargo, cuando estos sufrientes explican sus síntomas al médico, éste no encuentra nada anormal en el cerebro ni en el sistema nervioso. Aun después de meses y años de preocupación y ansiedad más o menos continuada, el cerebro de la persona maniatada por el temor no se ha gastado, ni muestra ningún indicio patológico (tejidos enfermos).. Así que el médico, no teniendo ninguna terminología que explique el sufrimiento del paciente, le dice: "Lo que le pasa a usted es que está nervioso."

Pero, ¿qué es estar nervioso? Y ¿dónde está, entonces, la base de toda eso que se llama sufrimiento mental?

Los pensamientos surgen en el corazón

El hombre moderno piensa en la mente como el asiento de donde surgen sus pensamientos. Pero la primera referencia que hace Dios a los pensamientos del hombre, señala el hecho de que los pensamientos son imaginados, inventados o concebidos en el corazón: "Todo designio de los pensamientos del corazón de ellos," dice Génesis 6:5.

Cuando el Gran Médico previó el miedo y la ansiedad del círculo de hombres que le habían acompañado hasta la víspera de la traición, no les dijo que no permitieran que la mente se perturbara por los acontecimientos que se avecinaban. Les dijo: "No se turbe vuestro corazón, ni tenga miedo."

Sin embargo, tres días después el corazón de aquellos hombres estaba lleno de temor —temor a los hombres, temor a la incertidumbre del futuro— y se hallaban reunidos junto con sus amigos de trás de las puertas cerradas "por miedo de los judíos." Cuando Jesús apareció inesperadamente "en medio" de ellos, ellos estaban espantados y asombrados. Los calmó diciéndoles, "¿Por qué estáis turbados y suben pensamientos a vuestros corazones?"

¿No sabrá Jesús de dónde surgen los pensamientos de los seres humanos? ¿No sabe de dónde vienen la ansiedad, la preocupación y el temor del hombre? "Todas las cosas por él fueron hechas; y sin él nada de lo que es hecho, fue hecho" (Juan 1:3).

Jesús habla con mucha frecuencia acerca de las meditaciones e imaginaciones del corazón humano. En cierta ocasión en que curó a un enfermo, "estaban allí sentados algunos de los escribas... pensando en sus corazones." Jesús no habló de su actitud mental hacia El. Les dijo con toda claridad que los malos pensamientos que tenían en contra de El los imaginaban en el corazón. "¿Por qué pensáis estas cosas en vuestros corazones?" (Marcos 2:8).

Dios tiene interés siempre en el corazón del hombre,

"porque de él mana la vida" (Proverbios 4:23). El profeta Jeremías dice que el ser humano recibe la recompensa justa por el bien o el mal que haga según lo que surge de su corazón: "Yo Jehová que escudriño el corazón... para dar a cada uno según su camino, según el fruto de sus obras (Jeremías 17:10).

Dios ha conocido siempre "los pensamientos y las intenciones" del corazón. No pierde tiempo analizando las muchas capas subconscientes de los pensamientos, temores y culpas reprimidos, porque El sabe lo que hay dentro del corazón. A Adán le dijo directamente lo que escondía en el pecho (Job 31:33). Adán tuvo miedo después de que se rebeló y comió del árbol prohibido, y entonces se quejó a Dios de que tenía miedo porque estaba desnudo. Dios no le sugirió ningún tratamiento para sus síntomas mentales. Sabía que el conocimiento repentino de que estaba desnudo no era más que el síntoma o evidencia, de lo que había en el corazón de Adán. Así que proveyó el remedio —sangre— para el pecado que estaba en el corazón de Adán.

Así como la mente de Adán respondió a lo que había en su corazón, su progenie reacciona a la condición de su propio corazón. El ser humano siempre se ha esforzado por ocultar lo que hay en el corazón. El hombre moderno trata de cultivar la mente, y resguarda intelectualmente las palabras, para esconder cuidadosamente lo que hay en su corazón. Más de una vez oímos decir: "Tuve mucho cuidado de no dejar traslucir mi actitud. Nadie supo lo que yo pensaba."

Pero resulta que el hombre moderno puede dejar entrever lo que hay dentro de su corazón sin saberlo. ¿Ha dado rienda suelta a su tensión alguna vez el lector diciendo a otra persona lo que pensaba de ella y, al relatar el incidente, ha dicho: "Le dije cuántas son cinco"? En verdad no le dijo nada de lo que sale de la mente, sino que solamente expuso los sentimientos feos del corazón.

Todo se puede esconder en el corazón: la amargura y el odio; el dolor y la pena; la preocupación y el cuidado; la ansiedad y el temor; hasta que desborda, porque "de la abundancia del corazón habla la boca."

A los cristianos espirituales no les cuesta trabajo entender que "de la abundancia del corazón habla la boca." Comprenden que el Señor Jesucristo se refiere al corazón espiritual del ser humano — "al hombre interior." Los profetas y las personas santas de los tiempos del Antiguo Testamento comprendían muy claramente este problema, y conocían muy bien la importancia de los pensamientos del corazón, "Porque el Señor conoce los secretos del corazón" (Salmo 44:21). El salmista no pidió a Dios que registrara su mente para descubrir el pecado que había acumulado, sino que le dijo: "Examíname, oh, Dios y conoce mi corazón: pruébame, y reconoce mis pensamientos" (Salmo 139:23).

En otra oportunidad el salmista clamó: "Crea en mí, oh Dios, un corazón limpio; y renueva un espíritu recto dentro de mí" (Salmo 51:10). El sabía que los pensamientos que llegaban a la mente saliendo de las profundidades del corazón serían limpios si el corazón fuera limpiado.

En el libro de Daniel se nos dice que el rey Nabucodonosor pidió a Daniel que re revelara el contenido de cierto sueño que había tenido. Daniel no sólo le interpretó el sueño, bajo la inspiración divina, sino que le explicó el origen de los pensamientos que lo provocaron.

Dijo: "Tú, oh rey, en tu cama subieron tus pensamientos" (2:29). Ahora bien: si los pensamientos llegaron a la mente de Nabucodonosor, es porque deben haber venido de otra parte. ¿De dónde vinieron? La respuesta la encontramos en Daniel 2:30 donde leemos: "...para que entendieses los pensamientos de tu corazón."

Son los cristianos carnales los que confunden el corazón con la mente. Adoptan el punto de vista mundano cuando se asocian con personas no regeneradas, que esquivan el corazón y el alma del ser humano, haciendo así de la mente el amo del destino del hombre. "El hombre mira lo que está delante de sus ojos," y por lo que toca al hombre mundano, los actos y hechos del hombre son productos de la mente; "mas Jehová mira el corazón" (1 Samuel 16:7).

El cristiano que ha perdido "el primer amor" y ama las cosas del mundo más que al Salvador que lo redimió con su propia sangre, es de doblado ánimo. Puede hablar y actuar piadosamente cuando se reúne con grupos religiosos; pero pocas horas más tarde, o momentos más tarde, dice y hace las cosas que agradan a los inconversos, porque "de la misma boca proceden bendición y maldición" (Santiago 3:10).

Pero la Palabra de Dios dice que "no conviene que estas cosas sean así hechas" entre los cristianos. Dios no puede hacer uso de un cristiano de doblado ánimo porque su testimonio no es genuino. Por eso dice: "Vosotros de doblado ánimo, purificad los corazones (Santiago 4:8). El mundo mismo no puede depender de esta clase de cristianos, porque "es inconstante en todos sus caminos" (Santiago 1:8).

Tarde o temprano el cristiano de doblado ánimo se

halla en pugna consigo mismo, porque "la carne codicia contra el Espíritu, y el Espíritu contra la carne" (Gálatas 5:17). Su conciencia de culpa lo acosa con preocupaciones, ansiedades y temores. ¿Qué hace entonces? Acude al psiquiatra. Pero, desde el punto de vista bíblico, le resultará inútil tratar la mente. ¿Por qué tratar la mente por agravios del corazón? Esto, por supuesto, el cristiano carnal no lo quiere ver, y la persona inconversa no lo puede comprender.

El cristiano espiritual se muestra ansioso por conocer la verdad de sus preocupaciones y ansiedades. Tan pronto como la psicoterapia le ayuda a comprender por qué se halla ansioso y preocupado, se da cuenta de que no ha estado echando toda su carga sobre Quien puede librarlo de todos sus temores. No necesita muchas consultas para darse cuenta del hecho de que la lucha es espiritual, y por lo tanto del corazón, y que la mente está sana.

Los dardos de Satanás

"Porque los que son de Cristo, han crucificado la carne con los afectos y concupiscencias" (Gálatas 5:24); pero demasiados cristianos parecen olvidar que el yo ha de crucificarse diariamente, momento tras momento, si es que queremos "andar en la luz, como El está en la luz" (1 Juan 1:7). Este es el conflicto dentro de nosotros; pero existe también otro conflicto de fuera, librado por las fuerzas satánicas que se esfuerzan por penetrar en la mente del cristiano.

Hemos oído decir que no podemos evitar que los pájaros vuelen encima de nuestra cabeza, pero sí podemos evitar que hagan su nido en el pelo. Del mismo modo no podemos impedir que los malos espíritus lleguen a nuestra mente y susurren dudas; pero sí podemos evitar que penetren en el proceso de nuestro pensamiento, y no por combatir los malos espíritus con nuestras propias fuerzas, sino sometiéndonos a Dios. La armadura de Dios es nuestra defensa en esta lucha con Satanás, toda la armadura de Dios: "Por tanto, tomad toda la armadura de Dios, para que podáis resistir en el día malo, y estar firmes, habiendo acabado todo" (Efesios 6:13).

"Estad, pues, firmes"; es decir, estad siempre listos, no sea que el adversario os sorprenda descuidados, y en un momento de debilidad o descorazonamiento os haga dudar. Pensamientos semejantes a estos pueden aparecer súbitamente sin provocarlos: "Es posible que yo no esté salvo... ¿Cómo puedo saberlo?... ¿Lo siento, acaso?... No me siento como al principio cuando me salvé." (Entonces la víctima trata de fabricar alguna clase de sentimiento).

Ciertos pacientes dicen: "Tengo miedo de querer pecar voluntariamente contra Cristo... Tengo miedo de asociar a Cristo con pensamientos groseros."

Otro tormento muy común y que solamente puede provenir del diablo es: "¿Cómo sé yo que no he cometido el pecado imperdonable?" Existen otras, pero estas son las dudas que más comúnmente asedian a los pacientes míos.

¿Qué es lo que trae a estos enfermos a consultar al psiquiatra? Temen que la continua ansiedad y preocupación de estos pensamientos, que son dudas relacionadas con la salvación, les provoquen un "agotamiento nervioso." Muy pocas veces se dan cuenta del origen de estos repentinos y misteriosos pensamientos; pero es natural que los cristianos creyentes se sientan preocupados por tales acusaciones del acusador. Cuando esas dudas continúan y dominan todo su pensar, temen que haya algo mal en la mente y olvidan que "Dios no nos ha dado el espíritu de temor, sino el de fortaleza, y de amor, y de una mente sana" (2 Timoteo 1:7).

Un pensamiento misterioso y repentino

Mientras caminaba por las calles de cierta ciudad, una mujer cristiana vio un perro, y de pronto se vio asediada por el pensamiento ridículo: "Ahí va Jesucristo. Llámalo. Llámalo 'Jesús'." En seguida pensó: "¿Qué me sucedería si yo no pudiera librarme de semejante pensamiento, y Dios me castigara por ser tan sacrílega?" De pronto el perro se detuvo y la miró, lo cual aumentó su zozobra. Desde entonces no tuvo paz, ni de día ni de noche. Ella luchó contra ese pensamiento con sus propias fuerzas, que es lo que el espíritu maligno deseaba.

El médico a quien acudió esa señora no le encontró nada que pudiera causar semejante nerviosidad. Los medicamentos le aliviaron la tensión por un poco de tiempo, pero no le cambiaron los pensamientos. Luego alguien le aconsejó que viera a un psiquiatra quien, no siendo cristiano evangélico, no sabía discernir los problemas del alma y le dió el siguiente consejo: "Usted es demasiado religiosa. Es mejor que evite la religión en todas sus formas, hasta que esto se le pase. Si no puede dominarlo, entonces le aplicaremos el choque eléctrico."

Cuando este médico le dijo que debía abandonar su religión (porque el cristianismo no es nada más que "una religión" para la mente mundana), esta mujer se sintió agitada y deprimida. Quería cumplir con las indicaciones del psiquíatra para llegar a curarse, pero al al mismo tiempo no podía dar las espaldas a Dios. Ya en este dilema, consultó a un pastor, quien le aconsejó que viera a un psiquiatra cristiano.

Todos los cristianos han tenido experiencias impías similares. Estos pensamientos provienen del exterior, poblado de poderes espirituales malignos. No surgen del corazón para llegar a la mente. Por la rapidez con que penetran a la mente, revelan que la víctima no premeditó esos pensamientos ni tuvo el deseo de hacerlo.

Como sucede en la mayoría de los casos de cristianos espirituales, no había necesidad de invertir horas y horas de psicoterapia, escarbando en las llamadas "capas del miedo inconsciente." La señora muy pronto vio su necesidad de volver al Calvario, meditar en su relación con Cristo y lo que hizo por ella, no salvándola solamente sino venciendo también a Satanás por medio de la sangre que derramó. Entonces pudo apreciar y aplicar lo que dice Santiago 4:7, y colocarlo dentro del marco debido, cuando dice a los cristianos: "Someteos pues a Dios; resistid al diablo, y de vosotros huirá."

Cuando leemos la Palabra de Dios, hablando con El acerca de lo que Jesús hizo por nosotros en el Calvario, contemplando su amor, su expiación, su gracia y su poder para limpiarnos, resistimos a los malos espíritus. Recordemos que Jesús resistió al diablo citándole las Escrituras.

Muchos cristianos hacen exactamente lo que Satanás espera: Resisten las influencias satánicas con sus propias fuerzas y el poder de su voluntad, en vez de someterse a Dios y descansar en su poder. La persona que ha sido redimida por la sangre del Cordero de Dios, y cuyo ser entero —mente, cuerpo y alma— está al amparo de esa sangre, tiene en sí el poder del Espíritu Santo para resistir al diablo.

Los pacientes cristianos, ansiosos y nerviosos, preguntan: "¿Pueden volver los malos espíritus?" ¡Sí! Pueden, pero nosotros contamos con la obra terminada en el Calvario como nuestra esperanza y consuelo para todos los momentos y ocasiones. La vida cristiana es una batalla continua.

Reconfortaos, cristianos nerviosos, y recordad las palabras dichas a Josué por Dios cuando le ordenó atravesar el río Jordán y tomar posesión de la tierra: "Esfuérzate y sé valiente: no temas ni desmayes, porque el Señor tu Dios será contigo en donde quiera que fueres" (1:9).

Algo dentro de mí me hizo hacerlo

El hombre natural no tiene los recursos para resistir los malos espíritus o dominar las imaginaciones perversas del corazón.

Un hombre joven, casado, padre de una criatura, era decorador excelente. Un día, una niña de cinco años de edad penetró en la casa nueva donde estaba trabajando. Comenzó a conversar con la niñita y muy pronto la entretuvo y principió a acariciarla. De pronto se sintió vencido por el impulso de violarla. En su afán de llevar a cabo el impulso, pero repulsado por un impulso negativo, cuando la niñita quería deshacerse de sus caricias indecentes, la dejó escapar de sus manos, y ella salió corriendo a la casa de los padres.

Cuando la policía tomó preso a este hombre, se sintió mortificado y perturbado porque había sido acusado de inmoralidad. Decía: "No sé por qué lo hice. Algo dentro de mí me hizo hacerlo." El tribunal que lo examinó creyó que era raro que una persona aparentemente normal cometiera un ofensa sexual tan asquerosa, y resolvió que fuera visto por un psiquiatra. El acusado explotó entre quienes convenía hacerlo la idea de que fue un acto impulsivo y repentino. La verdad es que sus amigos se mostraron tan sorprendidos de su conducta pervertida, que no podían creer que pudiera cometer semejante crimen estando en sus cabales, y lo excusaban diciendo: "Se le tiene que haber entenebrecido la mente. Un hombre normal no comete semejante acción."

Debemos recordar que este hombre se ajustaba normalmente al mundo en que vivía. Tenía una posición de responsabilidad, trabajaba diariamente antes del asalto, trabajaba cuando lo tomaron preso, continuó trabajando mientras duró el tratamiento psicoterápico, y ha trabajado desde entonces. Concurría a la iglesia "como lo hace la generalidad del grupo a que pertenezco. No me desnuco por la religión, pero mi esposa y mi hijita asisten con regularidad."

Cuando se le preguntó si alguna vez había tenido la idea de violar niñitas, dijo claramente que mientras cumplía el trabajo diario, fantaseaba de cómo hacer para violar niñitas y seducir mujeres, y reveló la excitación sexual que le producían semejantes imaginaciones. Admitió haber formado el hábito de pensar sexualmente y de valorar las mujeres desde el punto de vista del deseo sexual. Declaró enfáticamente que tenía el derecho de pensar en todo aquello que le proporcionara placer, y citó a otras personas que encontraban solaz y placer con semejantes pensamientos: "El bebedor bebe para dar rienda suelta a sus pensamientos. El hombre baila con la mujer que le causa placer. El hombre o la mujer escoge la película que le da satisfacción," todas razones racionalizadas de una persona inconversa.

Desde el punto de vista neurológico y orgánico los nervios y cerebro de este hombre estaban en su estado normal. No "le estalló la mente". No estaba loco. Tampoco sufría de agotamiento nervioso ni estuvo demente por un tiempo. No tenía la mente entenebrecida cuando asaltó a la niñita. Sabía lo que estaba haciendo en cada una de las etapas de su acto criminal.

Deliberadamente permitió que la mente pensara y meditara en las imaginaciones malas que concebía su corazón, y del corazón procedieron los malos pensamientos, la fornicación, el adulterio, la lascivia, la violación de pequeñuelas (Mateo 15:19 y Marcos 7:21). Permitió que la mente se inundara de la abundancia que había en el corazón. ¿No había dicho él mismo a la policía que "Algo dentro de mí me hizo hacerlo"? Poco sabía que sin quererlo expresaba una gran verdad bíblica, que fue el deseo de su corazón lo que le hizo actuar.

El mundo y las personas dadas a la psicología cavilaron mucho acerca de las facultades mentales de este hombre; pero los cristianos comprenden que este crimen no podía ser atribuido a una mente enferma. La acción fue el desbordamiento de los malos pensamientos anidados en su propio corazón. Esos malos pensamientos necesitaban una válvula de escape, y él proveyó para la gratificación de su lujuria ("no hagáis caso de la carne en sus deseos") meditando sobre sus fantasías hasta que buscaba continuamente la oportunidad para satisfacerlas.

La Biblia dice que "el intento del corazón del hombre

es malo desde su juventud" (Génesis 8:21) ; y de la abundancia del corazón maleado surge constantemente el impulso de pensar y hacer lo que es malo. *La persona que no ha sido salvada no tiene seguridad de que los malos pensamientos de su corazón no inunden alguna vez su mente.*

Satanás lucha por apoderarse de la mente de los cristianos

Aunque contamos con la liberación que nos ofrece el Calvario, "el príncipe de la potestad del aire" continúa la lucha desde afuera por obtener el dominio de la mente. Para aclarar lo que decimos, invitamos al lector a recordar las palabras de Pablo concernientes al estado mental de los cristianos de Corinto. Les dice: "Mas temo que. vuestra mente sea corrompida". En seguida explica cómo puede llegar a serlo: "Como la serpiente engañó a Eva con su astucia", y "Si el que viene predicare otro Jesús... o si recibiereis otro espíritu del que habéis recibido... u otro evangelio" (2 Corintios 11:3, 4).

Las potencias malas hablan en la actualidad del mismo modo que en los tiempos de Pablo. Hablan a través de predicadores apóstatas que engatusan la mente de los oyentes, y crean toda suerte de confusiones. Si la fe de los cristianos no está bien cimentada, la duda puede crearles ansiedades, temores y preocupaciones. Si, por el contrario, el cristiano está bien establecido en el evangelio de la gracia de Cristo, no meditará sobre las dudas y no podrán arraigarse.

Los cristianos parecen no percatarse de que esta lucha se verifica diariamente, a veces cada hora, sí, hasta momento tras momento. Cierto cristiano espiritual se veía acosado constantemente por la idea de dudar de cada cristiano que deseaba ayudarle. Me dijo: "¡Qué raro! Parece que quiero dudar de lo que me dice mi esposa, de lo que mi pastor me dice, de lo que usted mismo me dice. Y lo mismo me pasa con los hermanos de la congregación que desean ayudarme. Pero no dudo de mi jefe ni de quienes trabajan en el taller."

Por dos días le fue imposible a este paciente leer la Biblia con ninguna satisfacción, pero podía leer la literatura religiosa y eclesiástica sin mucha dificultad. Esta opresión —recuérdese que la opresión y la depresión no son términos iguales— duró varias semanas con distintos grados de intensidad; pero sufrió agudamente dos días, aunque continuó con sus tareas habituales.

Cuando los cristianos se hallan preocupados, no se dan cuenta de esta batalla espiritual y muy a menudo recurren a la higiene mental para encontrar alivio, en vez de reconocer que su enemigo es el dios de este mundo que trata de apoderarse de su mente. Lo que el cristiano necesita en todo momento es hallarse pertrechado con toda la armadura de Dios, especialmente el yelmo, que es "la esperanza de salvación" (1 Tesal: 5:8), para proteger la mente contra todas las dudas que Satanás nos presenta en esta era de toda clase de razonamientos.

Tres preguntas

Casi todos los pacientes cristianos preocupados, después de ser víctimas de un largo asedio de opresión satánica, llegan a formular tres preguntas que reflejan su estado espiritual y revelan lo mucho o lo poco tiempo que emplean para mantener su comunión con el Señor. Primero hemos de considerar la pregunta que es la que más le importa a toda persona poder contestar afirmativamente y con confianza: "¿Estoy yo salvo?"

Los pacientes cristianos nerviosos, si no son espirituales, tarde o temprano revelan la duda concerniente a su salvación. Satanás sabe que no puede quitarnos nuestra salvación, la que nos fué dada por Dios cuando creímos y aceptamos a Cristo como nuestro Salvador pero también sabe que puede hacernos dudar. Y sabe que cuando ha conseguido hacernos dudar, ha conseguido la primera victoria en quebrar nuestra comunión con Dios.

Cristiano que lees esto, ¿alcanzas a ver la trama sutil y psicológica de Satanás? Si lo permitimos, la duda y la preocupación pueden esclavizarnos al yo de tal modo que todos los pensamientos estén centrados en él. Y cuando todos los pensamientos están centralizados en el yo, no mantenemos comunión con Dios.

¿Qué debe hacer el cristiano, entonces, cuando aparece la duda? Debe echarla sobre Jesús, momento tras momento. "Echando toda vuestra solicitud en él, porque El tiene cuidado de vosotros" (1 Pedro 5:7). "No se turbe vuestro corazón" con tales pensamientos que llegan a la mente, pensamientos que tratan de impedir vuestra dulce comunión con Cristo, para que no tengáis gozo, ni améis a nadie, ni tengáis paz ni de día ni de noche. Cuando aparezcan la duda y el conflicto, recordad que Dios no os ha abandonado, como tantos pacientes parecen creer. El espera con paciencia que volváis a mirar al Calvario. Cristianos nerviosos, mirad de nuevo al Calvario, y renovad la confianza en todo lo que Jesús hizo allí por vosotros.

La segunda pregunta comprende un temor que es común a los pacientes cristianos nerviosos: *el porqué* de sus sufrimientos. Dicen, "¿Habrá en mi vida algún pecado que no he confesado y por el cual Dios me castiga?"

Cuando los cristianos están preocupados, parecen olvidar su "primer amor" y sus relaciones espirituales con Cristo. El hecho de que han sido redimidos y lavados por la sangre del Cordero les parece algo muy remoto. Olvidan que, como hijos de Dios por medio de Cristo, tienen el derecho de "llegar confiadamente al trono de la gracia" en cualquier momento y pedir perdón por los pecados cometidos. "Si confesamos nuestros pecados, El es fiel y justo para que nos perdone nuestros pecados, y nos limpie de toda maldad" (1 Juan 1:9).

Satanás, el acusador y mentiroso, hace creer al paciente que Dios le hace sufrir por los pecados pasados. Roba la paz al paciente recordándole los pecados pasados que ya han sido perdonados. Para encontrar un alivio de la acusación, el enfermo trata de hacer restitución por los hechos pasados, o por lo menos llevar a cabo ciertos deberes religiosos, como visitar enfermos o enviar paquetes de ropa o comida a los necesitados de otros países, invirtiendo el tiempo en realizar obras meritorias para alcanzar el perdón, en vez de confiar sencillamente en la gracia de Dios. Si el asunto de investigar el pecado que no ha sido confesado se lleva demasiado lejos, el paciente puede volverse escrupuloso en demasía.

Para los redimidos, Dios ya no es un Dios airado, sino un Dios amante, que nos contempla con amor porque estamos en Cristo. Dios no nos tienta ni nos acusa por los pecados pasados que han sido perdonados y olvidados. Muchos cristianos nerviosos actúan como si Dios podría perdonar pero nunca olvidar; pero es El mismo quien dice: "Yo, yo soy el que borro tus rebeliones por amor de mí; y no me acordaré de tus pecados" (Isaías 43:25).

La tercera pregunta que aparece siempre es ésta: "¿Cuánto tiempo es posible estar preocupado antes de que aparezca el agotamiento nervioso? ¿Tengo yo agotamiento nervioso sin saberlo?

Los cristianos espirituales no necesitan mucho que se les dé nueva confianza sobre su estado mental. La psicoterapia cristiana les ayuda a comprender que han permitido sentirse molestados por muchas cosas y que no hay nada anormal en cuanto a su mente en que Satanás los tiente con dudas y pensamientos inconvenientes. Los cristianos que caminan con Dios realmente, saben lo que significa ser tentados personalmente por fuerzas satánicas que tratan de cortar la comunión con Dios, creando dudas con respecto a la fe y transportándolas a la mente. Esas fuerzas espirituales externas procuran dominar el modo de pensar de los cristianos y reavivar la naturaleza carnal.

Los cristianos nerviosos y carnales tienen muchos problemas relacionados con la mente y la higiene mental. Debido a su actitud mundana, leen mucho acerca de problemas mentales y se hacen muchos auto-exámenes. Preguntan: "¿Qué libros de psicología debo leer?" Les es difícil concebir que los espíritus malignos influyan en su modo de pensar. Su material de lectura, o sea su comida mental, se basa sobre razonamientos psicológicos realizados por profesionales inconversos que carecen del discernimiento necesario para distinguir las fuerzas e influencias malas. Los cristianos carnales y mundanos de nuestras iglesias son quienes aceptan poco por la fe y absorben solamente lo que apela a la razón. Los cristianos carnales que sufren de los así llamados síntomas nerviosos se hallan confundidos espiritualmente.

La era psicológica

Es indudable que vivimos en la época de la profecía de Daniel: "El tiempo del fin: pasarán muchos, y multiplicaráse la ciencia" (Daniel 12:4). "Siempre aprenden y nunca pueden acabar de llegar al conocimiento de la verdad" (2 Timoteo 3:7).

¿Qué sucede con la mente de los hombres? ¿Quién lo está haciendo? ¿Qué evidencia poseemos para decir que estamos sobre el tiempo de que habló el profeta Daniel?

"El príncipe de la potestad del aire," que es el dios de este mundo, está cegando la mente de quienes no creen, de modo que la luz del evangelio de Cristo no penetre en su corazón. Lo hace colocando a la Biblia en el nivel intelectual, dejando fuera todo aquello que tiende a sugerir fe en Cristo. Enseña acerca de un Jesús, pero no de que Jesús es nuestro Salvador y Señor. Finalmente, ha establecido sistemas eclesiásticos que niegan a Cristo y su obra consumada en el Calvario.

Las doctrinas sin sangre de Satanás parecen atraer y aliviar a muchos pacientes ansiosos (nerviosos) que son apóstoles ardientes de su fe, pero no de la fe de Cristo. Muchos de los tales pacientes están enceguecidos, porque creen que están salvos por una religión nueva y mejor.

Hasta miembros de las iglesias evangélicas son separados de Cristo por la influencia hipnótica de la era psicológica en que vivimos, porque muchos predicadores tienen "comezón de oír", a igual que los laicos. Pablo profetizó: "Y apartarán de la verdad el oído, y se volverán a las fábulas" (2 Timoteo 4:4), a los razonamientos fabricados por los hombres para desviarlos de la verdad de la Biblia.

La psicología está en la atmósfera. Los cristianos se exponen a ella por medio de conferencias, material de lectura, radio, televisión y hasta sermones. Hace algún tiempo, después que hube presentado un mensaje cristiano, un ministro evangélico me dijo: "Doctor, ¿no podría usted habernos dado eso con un poco más de la interpretación psicológica?"

Algunos predicadores, de mala gana dan un tinte psicológico a sus sermones porque saben que eso es lo que la congregación desea; otros substituyen sin reserva las verdades bíblicas por los razonamientos humanos. Muchos cristianos escudriñan las Escrituras para encontrar pasajes bíblicos que apoyen sus nociones psicológicas. Jesucristo y los apóstoles no perdieron el tiempo exponiendo teorías psicológicas fabricadas por los hombres. Predicaron el evangelio. La psicología apela a la mente. El evangelio apela al corazón.

Satanás está luchando por la mente de los hombres, y emplea todas las apelaciones psicológicas que le parecen razonables y aceptables al ser humano. El sabe que "hay camino que parece derecho al hombre" (Proverbios 16:25), y emplea ese "camino." Los cristianos no deben culpar al psiquiatra y al psicólogo por esta tendencia, sino que deben considerar el estado del corazón que sucumbe ante la apelación psicológica.

Debemos recordar que el Señor Jesús advirtió que en el tiempo del fin las fuerzas malignas "engañarán, si se pudiese hacer, aun a los escogidos" (Marcos 13:22). Pedro también nos previene diciendo: "Guardaos que por el error de los abominables no seáis juntamente extraviados, y caigáis de vuestra firmeza" (2 Pedro 3:17)

Después de una serie de consultas intermitentes un joven pastor me hizo la siguiente confesión reveladora: "Ahora que miro atrás al propósito que me movía a consultarlo no me preocupaban tanto mis pensamientos como el deseo de saber cómo aconsejaba a los pacientes. Yo quería aprender su técnica de aconsejar y saber algo que me diera prestigio en mi iglesia y en mi conferencia."

Este paciente me presentó su problema acompañado de una queja: "No puedo orar. Mis oraciones llegan hasta el techo y rebotan sobre mí, aun en la iglesia." Es indudable que había motivos por la incapacidad de este hombre para mantener comunión con Dios. Tenía una larga historia emocional en la que su propia confesión reveló que la imaginación de su corazón estaba llena de fantasías sexuales relacionadas con mujeres, y que su mente no podía concentrarse en las cosas espirituales porque los pensamientos e intenciones de su corazón lo impedían.

Al preguntarle: "¿Ha nacido de nuevo usted?" tartamudeó y trató de justificar sus trabajos religiosos. Pareció no tener deseos de abandonar sus fantasías lujuriosas ni de abandonar sus razonamientos psicológicos de modo que la Palabra de Dios lo guiara en aconsejar a los miembros de su iglesia.

Resistiendo al Espíritu Santo

Algunos de los estudiantes universitarios tratan de encontrar respuesta a todos los problemas por medio de sus propios razonamientos y por filosofías psicológicas y ateas de la vida. No "quieren" escuchar la voz del Espíritu de Dios que les dice: "Venid."

Cierto joven, después de haber resistido todo esfuerzo del Espíritu Santo para convencerlo de pecado, especialmente cuando leía la Biblia, hasta que el amor al pecado y el deseo de hacer el mal endurecieron su corazón y narcotizaron su mente, vino a verme en busca de tratamiento. No vino a ver al psiquiatra porque deseaba salir de su camino pecaminoso, sino porque se dio cuenta de que su mente ya no estaba enteramente bajo su control, y por el temor que le despertó su modo de vivir.

Ese joven se hallaba angustiado porque su compañero homosexual cooperaba de mala gana, hasta que al fin terminó por denunciarlo a él y a todo el asunto por ser "una asquerosidad." Este paciente estaba asustado por temor de ser descubierto si trataba de establecer nuevos contactos. Terminó por refugiarse en el matrimonio para guardar las apariencias y ocultar su vicio, no que deseara una mujer, sino que la mujer le proporcionaría un hogar.

Durante la psicoterapia suspiraba y bostezaba continuamente, y cuando disminuyó la presión del temor, abandonó el tratamiento porque cada consulta le daba mucho dolor de cabeza y lo dejaba irritado.

Este hombre relató la tragedia de su condición espiritual y cómo llegó a semejante estado. Lo damos en forma abreviada: "En años pasados, cada vez que yo oía hablar despectivamente de la Biblia, me gozaba en ello. Esas observaciones me ayudaron a quebrantar el poder de la Biblia. Yo imaginé cosas ridículas de la Biblia. Yo tenía mi propia versión de Jonás y la ballena y de Samsón y Dalila. Y tanto hice de esto que ahora, cuando trato de pensar en la Biblia, no puedo comprenderla porque todavía me parece tan ridícula. Yo puedo concentrarme en mis estudios y razonar lógicamente; pero cuando trato de pensar en la Biblia, la mente se me convierte en una página en blanco. Aun cuando hago el esfuerzo de concentrarme en la Biblia, no puedo retener el asunto que trata.

"Yo creo entender el mecanismo psicológico de esta fuga. La Biblia no era agradable para mí; me condenaba. Ahora comprendo que yo la ponía a un lado para dar rienda suelta a mis fantasías sexuales. Sin embargo, nunca lo vi, ni jamás recibí el impacto completo de ello hasta que usted me leyó el capítulo primero de la Epístola a los Romanos. Evidentemente yo no quería admitir que oía el llamado de Dios. Actualmente el sexo es el todo para mí. Quiero estar todo el tiempo mirando a hombres desnudos, tal como usted leyó en Romanos 1:28: 'Y como a ellos no les pareció bien tener a Dios en su noticia, Dios los entregó a una mente depravada, para hacer lo que no conviene.'

"Cuando usted me explica el camino de la salvación, me siento impulsado a discutirle cada uno de sus puntos. ¡La virgen y el nacimiento virginal, y un hombre muriendo en una cruz! ¡Bah! ¡La idea de que un hombre fuera tan justo que se hiciera mártir de una causa! ¡El no tenía ninguna causa! ¡No hay infierno! Hay más gente que no cree en el infierno que gente que cree en el infierno."

Satanás había canalizado la mente de este paciente en sendas lujuriosas; cualquier otro modo de pensar o de hablar lo aburría. "Parecería que yo tuviera el deseo de cooperar con usted, pero de pronto me siento aburrido y cansado." Estaba atado por Satanás, "cautivo a voluntad de él", para hacer la voluntad de su adversario.

Durante la psicoterapia, a causa de su temor, trató de

leer el Evangelio de Juan mientras funcionaba la radio. Pero no fue convencido a arrepentirse de corazón.

La batalla es real

Cristiano, Satanás sabe que "el tiempo del fin" se acerca. Sabe que su condenación está por sellarse eternamente. Por eso lucha desesperadamente por apoderarse de la mente de los hombres. La única defensa que tienes contra él es "toda la armadura de Dios," quien te prometes que si tomas "el escudo de la fe," podrás apagar todos los dardos de fuego del maligno (Efesios 6:16).

No seas vencido por Satanás. No le permitas que confunda tu mente hasta que esté ocupada totalmente por preocupaciones, ansiedades y temores. Tu mente está al amparo de la sangre de Cristo. Has sido comprado por precio, la sangre preciosa de Cristo, y todo tu ser: mente, cuerpo y alma, está cobijado por esa sangre.

Satanás es un ser real. Existe el diablo. Si yo no lo hubiera sabido antes, es indudable que me habría sido revelado por la tortura mental y la angustia de alma brotadas del corazón de mis pacientes.

Es probable que en ninguna otra parte se revelen tantas imaginaciones malas como en el consultorio del psiquiatra. Pero ni el psiquiatra sabe la mitad, porque la mitad nunca se ha contado. "Engañoso es el corazón más que todas las cosas, y perverso; ¿quién lo conocerá?" (Jeremías 17:9). ¡DIOS SOLAMENTE!

7

El Sufrimiento del Alma en las Enfermedades

El comienzo del sufrimiento espiritual tiene lugar en el momento en que el individuo se aparta de la dirección de Dios. Adán lo experimentó en el instante mismo que desobedeció a Dios. A medida que el cristiano continúa en su curso, fuera del ojo guiador de Dios, aumenta la intensidad de la culpabilidad que se acumula en su alma, le produce confusión mental y finalmente el cuerpo se enferma. Cuando el alma sufre, el cuerpo y la mente sufren conjuntamente. "Por manera que si un miembro padece, todos los miembros a una se duelen" (1 Corintios 12:26).

Las preocupaciones reprimidas, en verdad no quedan acalladas y olvidadas, como nos agradaría creer. Nunca están estacionarias. Crecen y se complican a medida que vamos apilando más cuidados hasta que llega el punto en que nos vemos envueltos y atrapados con todo lo que nos concierne.

Cuando el así llamado paciente cristiano nervioso se siente deslizar hacia semejante confusión, Dios no espera que haya que tomar el mismo curso como el inconverso, que desvía los pensamientos con cosas del mundo cuando se halla preocupado. Dios tiene algo mejor para los cristianos. Somos sus redimidos, hijos comprados por sangre, muy preciosos ante sus ojos.

El no nos redimió para que pudiéramos ajustarnos a este mundo y esperar a que muriéramos físicamente para entrar en su gloria. El nos ha dado el Espíritu Santo para que nos conforte, instruya y guíe a través del desierto de esta vida presente. Pero muchos cristianos se muestran lerdos y remisos en seguir las direcciones de este Piloto. En cambio, andan tropezando en sus propios caminos y luego se sienten cansados, irritados y descorazonados. La naturaleza nueva que poseen los habilita para el cielo, pero tratan de gratificar sus deseos antiguos. El Espíritu Santo los condena como culpables.

La curación de los cristianos nerviosos

En la mente del cristiano creyente no existe duda de que Dios puede curar y cura en nuestros días. Cura por muchos medios milagrosos, y emplea los instrumentos humanos como sus agentes. Y El es "el mismo ayer, y hoy y por los siglos" (Hebreos 13:8).

El cristiano "nervioso," por el hecho de encontrarse ansioso, se halla expuesto a toda suerte de doctrinas de curación que ofrecen esperanzas de alivio. En su estado de ansiedad no puede "discernir los espíritus" y es llevado por diversas doctrinas espúreas. Cree que debe probarlas porque pretenden tener fundamentos bíblicos.

No todos los que buscan tales tratamientos se curan. La verdad es que muchos quedan confundidos, desilusionados, amargados y descorazonados y no saben qué decir cuando se ven con amigos cristianos, temiendo que los acusen de esconder algún pecado inconfesado o de falta de fe. Debido a esta actitud prevaleciente, algunos pacientes cristianos nerviosos se sentirían condenados si buscaran ayuda en los recursos de la ciencia médica para sus sufrimientos emocionales y físicos.

Aparentemente no se han dado cuenta del hecho bíblico de que uno de los escritores de los evangelios, el Doctor Lucas, era médico, y que Pablo lo llevó como su médico personal en sus viajes misioneros.

Leemos, también, que Pablo buscó curación divina para sí mismo, pero que a Dios le pareció mejor dejarlo con "un aguijón en la carne" para que se conservara humilde. Si la curación divina hubiese dependido de la fe y de caminar con Dios, seguramente Pablo se hubiera curado.

También se nos dice que Dios empleó a Pablo para curar a muchos sufrientes mientras realizaba los viajes misioneros. Con todo, a Dios no le plugo curar a todos los pacientes de Pablo, porque Pablo dice, "A Trófimo dejé en Mileto enfermo" (2 Timoteo 4:20).

Además, si no hubiera enfermedades y sufrimientos, no habría, necesariamente, la muerte del cuerpo.

Dios contesta actualmente las oraciones de sus hijos por la curación de enfermos, cuando El lo cree conveniente, de acuerdo a sus planes y divina voluntad. El da su aprobación y bendición a los agentes humanos, los médicos y cirujanos que alivian los sufrimientos del hombre. Con frecuencia los médicos dan testimonio del hecho de que el caso de algunos pacientes parece desesperado, y por alguna razón que está fuera de la capacidad humana, han recuperado después que la cirugía parchó los desechos de un cuerpo físico. De la misma manera, los medicamentos que se toman para aliviar los sufrimientos y fatigas del cuerpo tienen su lugar de utilidad. Hasta los sedantes son necesarios para los cristianos y los no-cristianos para ayudarlos a salir de alguna situación crítica.

El temor de que sus amigos no crean que tienen fe en el Señor Jesús si recurren a la ciencia médica, contribuye a que muchos pacientes cristianos nerviosos demoren la búsqueda del auxilio para sí mismos, hasta que se ven sobrecogidos por alguna enfermedad crónica debilitante, que no sólo les produce gran sufrimiento innecesario sino que también los lleva a una muerte prematura, además del desastre económico provocado en el seno de la familia.

Consoladores miserables

En verdad, el sufrimiento del alma es más difícil de llevar que cualquier otra forma de sufrimiento, porque nadie más que el Gran Médico puede examinar el alma y reconocer el germen que originó la complejidad de todo el sufrimiento que al fin sale a la superficie en forma de sufrimiento mental y físico. Es muy común que personas entusiastas y bien intencionadas agreguen sufrimiento al sufrimiento, imitando a quienes pretendieron consolar a Job. Y porque ellas vieron su sufrimiento como ellas querían verlo, Job les dijo: "Sois todos vosotros médicos nulos," y "Consoladores molestos sois todos vosotros" (Job 13:4 y 16:2).

Del mismo modo muchos pacientes tienen que soportar exhortaciones "religiosas" en el día de hoy, tales como "Usted debe ocultar algún pecado inconfeso"... "Ore sobre el particular"... "A usted le falta fe en Dios."

Es posible que no haya ningún pecado secreto que

confesar. El paciente puede estar viviendo diariamente de acuerdo a la promesa de Dios: "Si confesamos nuestros pecados, él es fiel y justo para que nos perdone nuestros pecados, y nos limpie de toda maldad" (1 Juan 1:9).

Además, la insistencia en que el paciente que sufre debe buscar pecados ocultos lo hace más introspectivo y concentra su pensamiento cada vez más en su propio yo. Es entonces cuando se asusta y dice para sus adentros: "Creo que estoy perdiendo la razón." Todo esto contribuye a que el paciente vaya a parar al consultorio de un psiquiatra.

Uno piensa a veces si esos que se ponen de consejeros se darán cuenta de que pueden aumentar los dolores y sufrimientos del paciente.

Hay sufrimiento que no es por pecado

El asunto es: ¿Cuál es la voluntad, o el plan de Dios para la vida individual? ¿Es el sufrimiento el resultado de la propia gratificación, de su modo de vivir, o es que Dios permite que algunos de sus hijos pasen por el horno de la aflicción para refinarlos de modo que salgan como vasos que le glorifiquen a El? En el Evangelio de Juan tenemos el relato del hombre que nació ciego y que sufrió ese inconveniente hasta que se encontró con Jesús. El Señor declaró que esa ceguera no era producto del pecado del hombre, sino que la curación y el testimonio posterior del que había sido ciego glorificarían a Dios.

Muchos cristianos no pueden aceptar sus dolencias con la calma con que las aceptó Pablo, quien finalmente las contempló con palabras de gracia al decir: "Por tanto, de buena gana me gloriaré más bien en mis flaquezas, porque habite en mí la potencia de Cristo" (2 Corintios 12:9).

Los cristianos no nos atrevemos a criticar el sufrimiento de otros cristianos. Quiénes somos nosotros para juzgar? Después de todo, no podemos leer la mente de Dios. Lo único que hacemos es medir las sufrimientos del otro creyente desde nuestra propia posición. Dios llama a cada creyente a desempeñar un ministerio especial. "Empero a cada uno le es dada manifestación del Espíritu para provecho. Porque a la verdad, a éste es dada por el Espíritu palabra de sabiduría; a otro, palabra de ciencia según el mismo Espíritu" (1 Corintios 12:7, 8).

De la observación del sufrimiento de ciertos cristianos piadosos se desprende el hecho de que Dios llama y da a cada cual la medida de gracia que necesita. No todos los creyentes soportan del mismo modo, y Dios sabe quiénes han de confiar en El y ser guiados por El. Por eso es que ciertos creyentes son empleados poderosamente por Dios, mientras que otros, colocados en la misma posición, fracasarían y traerían descrédito para su santo Nombre.

Dios está tan lejos

Los pacientes nerviosos que han sufrido largo tiempo dicen: "¡Dios está tan lejos! ¡No escucha mis oraciones! ¡Se ha olvidado de mí, y me está castigando por algunos de mis pecados pasados!"

Retrocedamos a los párrafos anteriores y observemos el principio insidioso de la enfermedad espiritual. Ellos se mostraron indiferentes hacia Dios y se apartaron de El, volviendo el deseo de su corazón a las cosas del mundo. Dios no los olvidó. El es siempre fiel. Son ellos los que olvidaron a Dios. Si nos parece que Dios está lejos de nosotros, sólo significa cuánto nos hemos apartado de El.

Dios nos ha dado un plan definido de higiene espiritual por el cual podemos evitar ser sorprendidos por síntomas emocionales y nerviosos.

El juzgarse a sí mismo: llave de la salud espiritual

Cuando el hijo de Dios se siente culpable, debe considerar este indicio como síntoma de que hay algo mal en el sentido espiritual, tenerlo por advertencia y aplicarlo, del mismo modo que se usa el termómetro para medir la temperatura del cuerpo físico.

El examen de sí mismo es uno de los ejercicios espirituales más útiles que el cristiano puede practicar para conservarse en un estado de excelente salud espiritual. El autojuicio aparece en todos los creyentes renacidos. Pero su efectividad como guía preventiva, depende de la cercanía en que el cristiano camina con Dios; si quiere volver a Dios inmediatamente, o si escoge seguir su propio camino, trayendo sobre sí miedo, angustia, ansiedad, confusión mental y sufrimiento físico.

No hay ninguna necesidad de que la culpa quede en la conciencia. Cuando el hijo de Dios se siente culpable y temeroso, el Espíritu Santo lo invita a que se llegue confiadamente al trono de la gracia, que se arrepienta, se confiese y pida perdón. El ha prometido que "si confesamos nuestros pecados, él es fiel y justo para que nos perdone nuestros pecados, y nos limpie de toda maldad" (1 Juan 1:9).

Cuando tenemos conciencia de que podemos permanecer en la presencia de Dios como si nunca hubiésemos pecado, desaparece la culpabilidad. El hecho mismo de no querer confesar los primeros indicios de culpa revela que nos mostramos reacios a entregarnos a Dios. Hay algo en nuestra naturaleza que deseamos retener y gozar; porque si estuviésemos verdaderamente rendidos, no vacilaríamos, sino que descansaríamos inmediatamente en la gracia de Dios.

Es la carne que "codicia contra el Espíritu" lo que nos hace sentir infelices, descontentos, ansiosos y preocupados. Todos los meses y años de angustias del alma y tormentos mentales y nerviosidades, podrían ser evitados si acudiésemos a Cristo tan pronto como nos damos cuenta de que nos hallamos demasiado absorbidos por las cosas de este mundo que tienden a que nos olvidemos de que esperamos que El venga para ser unidos a El. Jesús dijo: "Buscad primero el reino de Dios y su justicia, y todas estas cosas os serán añadidas" (Mateo 6:33).

Los cristianos nerviosos y las obras piadosas

Como el paciente cristiano nervioso se siente impresionable a todo cuanto acontece a su alrededor, debe estar en guardia. El espíritu ansioso y de inseguridad que permea la atmósfera del "mundano" es contagioso y afecta a los cristianos, hasta que ellos también arruinan y cansan el cuerpo con un exceso de actividades. Se engañan a sí mismos creyendo que deben estar ocupados en la obra del Señor con muchas actividades eclesiásticas y las innumerables y dignas organizaciones religiosas. No se dan cuenta de que "el príncipe de este mundo" los ha engañado con tanta actividad cristiana muy digna, pero al punto que no tienen tiempo para mantener comunión con el Señor.

Tres misioneros que fueron enviados a su patria desde sus respectivos campos misioneros de trabajo, cada uno de ellos afectado de agotamiento nervioso, se quejaron de que tenían tantas actividades que atender, que no tenían tiempo de meditar tranquilamente ni de estudiar la Biblia.

Muchos pastores de nuestras iglesias formulan la misma queja. Tales actividades, muy dignas en sí, no deben corrernos hasta el punto que cansen demasiado al cuerpo, lo mismo que las emociones, y no tengamos tiempo de ocuparnos del Señor.

El Señor Jesús sabía que los discípulos necesitaban descansar de sus trabajos (descansar en El), y que les era necesario recibir fuerzas mediante la comunión con El. Por eso les dijo, "Venid vosotros aparte al lugar desierto, y reposad un poco" (Marcos 6:31).

"El que sana todas tus dolencias"

Es muy corriente forzar el pasaje del Salmo 103:3 fuera de su contexto. El cristiano no debe esperar que Dios le cure cuando está desafiando las leyes naturales de Dios en cuanto a la salud, ya sea por medio de hábitos inmorales, apetitos lujuriosos de la carne, o simplemente por la gula en el comer. Si uno abusa deliberadamente de su cuerpo, el templo del alma, en el cual mora el Espíritu de Dios, "Dios destruirá al tal" (1 Corintios 3:16, 17).

El cristiano no puede profanar el cuerpo y luego pretender ofrecerlo "en sacrificio vivo." No podemos violar las leyes de Dios en cuanto a la salud, y salir ilesos. Cuando violamos las leyes de la salud impuestas por Dios, sufrimos. El hecho de que no sufrimos ni somos castigados inmediatamente cuando violamos esas leyes de la salud, no quiere decir que hemos salido ilesos.

Por ejemplo, la persona que fuma un poquito diariamente mete dentro de su cuerpo un veneno mortal: la nicotina. Por poca que sea es sumamente venenosa para muchos órganos del cuerpo y puede producir la muerte instantánea por un ataque cardíaco, o por cáncer en el sistema respiratorio. Esa persona no lo ignora, y por consiguiente no tiene excusa, porque absorbe veneno deliberadamente, profanando "el templo de Dios."

Parecería un tanto raro que la razón y la lógica no impidieran hasta a las personas mundanas de perjudicar su cuerpo. Pero cuando un cristiano favorece tales pasiones, demuestra que se halla atado a sus viejos deseos y que Cristo no ocupa el primer lugar en su vida. El pecado no está en el tabaco, sino en el corazón de quien se esfuerza por liberar sus tensiones emotivas sin volverse a Dios. De igual modo, el pecado no está en el alcohol; pero la persona que tiene un corazón pecador, lo bebe para satisfacer los malos deseos de su corazón.

El cristiano que vuelve las espaldas a Dios y recurre a las bebidas alcohólicas para calmar sus emociones y producir sentimientos exhilarantes en lugar de volver al gozo de tener a Cristo en su vida interior, sabe desde el principio cuáles son las consecuencias.

Sus amigos y parientes oran "sin cesar" para que Dios le quite el deseo por los licores y bebidas alcohólicas; pero esas oraciones no reciben respuesta, porque la causa del deseo está alojada en el corazón de esa persona. En cambio, deberían orar para que el Señor le dé convicción de pecado, de modo que clame por la liberación del pecado que se anida en su corazón.

Dios no promete curar a nadie de las manifestaciones externas de la enfermedad que ha sido causada por deseos y emociones pecaminosos, hasta que esa persona se haya arrepentido en su corazón. El requisito para la liberación es el arrepentimiento. Jesús solía decir a quienes sanaba: "Tus pecados te son perdonados." La sanidad de la enfermedad sigue a la limpieza del corazón.

El exceso en el comer

El tratar de satisfacer la ansiedad por medio de la comida produce la obesidad. Todos sabemos el peligro que supone el exceso de peso. La comida no es venenosa, pero cuando es ingerida con exceso envenena al cuerpo. Por eso la persona que sufre emocionalmente en el alma, y siente temores y ansiedades, come más o menos continuamente para apaciguar esa tensión. En tal caso el alma enferma hace sufrir al cuerpo los efectos de la obesidad, la que, a su vez, ejerce una acción deletérea sobre el cuerpo, provocando una dolencia física que hasta puede acortar los años de vida de la persona.

Nosotros, como cristianos evangélicos, no debemos permitir que las emociones nos conduzcan a la práctica de ninguna clase de excesos que causen sufrimientos. El cristiano creyente no debe aplacar sus ansiedades recurriendo a hábitos malsanos, porque la Palabra de Dios dice: "Por nada estéis afanosos, sino que vuestras peticiones sean notorias delante de Dios en toda oración y ruego, con acción de gracias" (Filipenses 4:6).

8

La Batalla del Cristiano

El hijo de Dios, se halla comprometido en una guerra espiritual. El apóstol Pablo escribió, "Porque no tenemos lucha contra sangre y carne; sino contra principados, contra potestades, contra señores del mundo, gobernadores de estas tinieblas, contra malicias espirituales en los aires" (Efesios 6:12). Pero debemos decirlo de una vez que los creyentes están del lado victorioso. En Cristo Jesús somos más que vencedores (Romanos 8:37). Nuestro Señor mismo constituye nuestro recurso espiritual, y el poder de su fortaleza (Efesios 6:10). En Cristo Jesús podemos vencer en todo tiempo. No existe ninguna necesidad de sucumbir a engaños, dardos encendidos o artificios diabólicos de Satanás.

A medida que se lee el Nuevo Testamento es fácil observar que con frecuencia se les advierte a los cristianos contra las sutilezas de Satanás. Nuestro Salvador habló de ellas a sus discípulos. Pablo y Pedro nos amonestan fuertemente que nos cuidemos del maligno, sus trampas y argucias. En cada caso la advertencia está dirigida a los creyentes, no a los inconversos. Son los hijos de Dios los que deben pertrecharse con toda la armadura de Dios. Son ellos quienes deben ser fuertes en el Señor. Pablo dice que "nosotros" luchamos contra principados y potestades. Ahora que conocemos la identidad de nuestros enemigos, y tenemos la seguridad de vencer en esta lucha, observemos con mayor atención cómo trata Satanás de conseguir el dominio del creyente para gobernar su vida, por medio de sus fuerzas infernales.

No faltan quienes piensan que todo cuanto se necesita en esta guerra es conocer a Dios, y que no hay que prestar atención al enemigo. Este es uno de los engaños más inteligentes de Satanás. Gran parte de su éxito se debe a que oculta tan astutamente su identidad que los hombres no sospechan su presencia y propósitos diabólicos. Pero quiero que el lector comprenda de la Biblia los métodos que Satanás emplea para oprimir y obcecar a quienes pueda entre los hijos de Dios.

Opresión satánica

Pedro, al hablar de Jesús en casa de Cornelio, dijo: "Dios ungió a Jesús de Nazaret de Espíritu Santo y de potencia; el cual anduvo haciendo bienes, y sanando a todos los oprimidos del diablo" (Hechos 10:38). La palabra "oprimidos" es significativa. Indica claramente que la presión se ejerce desde afuera, no desde adentro, y proviene de las fuerzas satánicas.

Una de las cosas que hacen esas fuerzas es colocar a las personas piadosas bajo una gran presión mental y emocional. Uno oye hablar mucho de semejante condición en estos días, pero puedo asegurar que el cristiano no necesita vivir bajo semejante presión. Puede verse libre de ella aunque esté rodeado por ella. Por eso se nos dice en Efesios 6 que debemos ser fuertes *en la potencia de su fortaleza,* y vestirnos con toda la armadura de Dios.

Un pasaje notable sobre la batalla para el dominio de la mente del cristiano es 2 Corintios 10:3-5, donde leemos: "Pues aunque andamos en la carne, no militamos según la carne, porque las armas de nuestra milicia no son carnales, sino poderosas en Dios para la destrucción de fortalezas. Destruyendo consejos, y toda altura que se levanta contra la ciencia de Dios; *y cautivando todo intento a la obediencia de Cristo.*" ¿Por qué habría de decir Dios esto si no fuera que Satanás, por medio de sus fuerzas malignas, estuviera atacando siempre el corazón y la mente de los creyentes para hacerlos sentir bajo presión? La presión puede ser en cuanto al hogar, al trabajo, o a la iglesia. Puede venir por cualquier razón. Al no darnos cuenta del origen de nuestra dificultad, podemos echar la culpa a otras personas, o quizás a cierto accidente que nos haya acontecido; pero muchas veces tales factores son elementos que usa Satanás para mantenernos en tensión.

Algunos ejemplos de presión satánica

No hace mucho tiempo recibimos una carta sumamente informativa a este respecto, de parte de un misionero a quien nos une un entrañable afecto. Su relato indicaba que se gozaba de la victoria sobre las fuerzas satánicas allí en una tierra pagana. Decía, por ejemplo, que se le había perdido el pasaporte, y agregaba: "Esta circunstancia podría haberme irritado sobremanera, por que Satanás buscaba desfigurar la imagen de Cristo en mí. A él no le importaba mi pasaporte. Yo reconocí que era Satanás, y obtuve la victoria sobre él. Después encontré el pasaporte." Luego mi amigo nombró tres o cuatro cosas más que le habían sucedido últimamente en las que pudo discernir que Satanás trataba de oprimirle. En cuanto a ellas decía: "En cada caso encontré la victoria en Cristo, y entonces las otras circunstancias se enderezaron también."

Nosotros podemos obtener la victoria sobre Satanás, quien es ya un enemigo vencido, toda vez que la reclamemos en el nombre de Jesús (Hebreos 2:14; Colosenses 2:15). Debemos oponernos a Satanás directamente en nombre de Jesús, y reclamar el poder de la sangre de Cristo como nuestra protección.

Yo sentí estas presiones por algunos años. A veces, para buscar alivio, solía tomar el automóvil e irme al campo para mantener una conversación con Dios, y la depresión desaparecía. Luego un día me di cuenta de que tal presión podría provenir de Satanás. Yo conocía el camino de la victoria en la Palabra de Dios, y lo tomé. No me ha sido necesario salir al campo durante uno o dos años para librar mi corazón y mente de semejante presión, porque encontré el camino de la victoria. Dios me dio el discernimiento para comprender que las fuerzas satánicas ejercían esa depresión en mi ánimo con el fin de dominarme.

Obsesión satánica

Una vez que Satanás haya conseguido oprimir al cristiano, da el segundo paso: lo obsesiona. El pasaje de Lucas 6:18 pone de relieve esta situación, en el que leemos cómo los enfermos eran llevados a Jesús: "Y los que habían sido atormentados de espíritus inmundos: y estaban curados." Vale la pena subrayar en este caso la palabra "atormentados." La encontramos nuevamente en Hechos 5:16: "Y... concurría multitud... trayendo enfermos y atormentados de espíritus inmundos." "Atormentar" viene del griego y quiere decir, "obsesionar," "acosar," "atropellar" o "armar tumulto." Indica el ataque salvaje de los demonios contra una persona.

El pasaje de Mateo 12:44 ayuda a ilustrar lo que afirmamos, aunque parece que se trata de una persona inconversa. Cuando un demonio es arrojado de cierta persona, busca otro lugar pero no lo encuentra. Entonces regresa a la persona a quien dominó originariamente y halla que no está poseída por el Espíritu Santo, sino que se ha reformado solamente (está vacía). Entonces este demonio llama en su ayuda a otros siete demonios para acosar a esa persona. Llegan como un diluvio y lo primero que hacen es atacar la mente.

Satanás ataca la mente de los cristianos

Las fuerzas satánicas atacan la mente de los cristianos también. Nos sugieren dudas, especialmente relacionadas con la bondad de Dios. En vez de tener la mente de Dios y la mente de Cristo, de pronto comenzamos a pensar los pensamientos sugeridos por el demonio. La mente obsesionada por Satanás piensa mal de Dios. Para evitarlo se nos dice: "Haya, pues, en vosotros este sentir que hubo también en Cristo Jesús" (Filipenses 2:5).

El pasaje indicado de 2 Corintios 10:4 y 5 muestra que los demonios pueden atacar las capacidades mentales del cristiano creyente. Leamos de nuevo esas afirmaciones sorprendentes que revelan que Dios nos ha dado armas "para la destrucción de fortalezas, destruyendo consejos, y toda altura que se levanta contra la ciencia de Dios." ¿Lo entendemos? No es solamente la persona inconversa que puede tener la mente obsesionada por pensamientos malos acerca de Dios, sino también el creyente.

Algunos de los métodos de Satanás

Veamos ahora algunos de los medios que emplean los poderes demoníacos para acosar a los cristianos. Es posible que el método más corriente sea la preocupación, En vez de tener la paz de Dios que sobrepuja a todo entendimiento, y que conservaría nuestras emociones en equilibrio y nuestros pensamientos en orden, nos preocupamos.

Alguien me escribió recientemente: "Usted no es el único que tiene preocupaciones. Yo también las tengo." Doy gracias a Dios de que El me ha ayudado de tal manera que, si tengo preocupaciones, no me doy cuenta de ellas. En vez de las preocupaciones tengo su paz, que echa fuera las preocupaciones. La treta de Satanás es explotar las preocupaciones y dominar la mente del creyente por ese medio.

Otra de las argucias de Satanás es conseguir que nos impacientemos por algo que nos sucede, en vez de estar contentos. Pablo en Filipenses 4:11 escribe: "He aprendido a contentarme con lo que tengo". Es decir, hubo momentos en que se impacientó, pero aprendió a vencer a Satanás con el poder del Señor.

Luego está el espíritu de queja ante el cual mucha gente sucumbe. Siempre hay quienes ven el lado oscuro de las cosas. Por supuesto, unos cargan más las tintas que otros; pero Satanás alentará tal situación en nuestro corazón si con ello puede dominar nuestra mente.

"¡Oh!, así es mi naturaleza," dicen muchos cristianos cuando los enfrentamos con esta verdad. Concedido, pero agregaríamos que es Satanás que opera a través de su naturaleza. Jamás debemos excusarnos tomando nuestra naturaleza por base. Cuando murió el Señor Jesús, fue crucificada nuestra vieja naturaleza juntamente con El. En nuestra experiencia diaria debemos mantenerla clavada a la cruz, y podemos hacerlo con la ayuda que Cristo nos proporciona. Debemos vivir la naturaleza de nuestro Señor.

Las imaginaciones vanas constituyen otra de las armas de Satanás. A él le agrada que creamos que alguien nos odia. No hace mucho yo hablaba con una mujer inconversa que se imaginaba que Dios mismo la odiaba. De seguro que Satanás la estaba obsesionando. Pero hay cristianos que sienten del mismo modo. Es una imaginación satánica.

Otra de las triquiñuelas de Satanás es conseguir que los hijos de Dios alberguen malos pensamientos hacia otras personas. Un método común es haciéndonos creer que obran de mala fe. Esto también es rendirse a imaginaciones vanas.

Luego están los pensamientos impuros, que a veces irrumpen como una avalancha. Alguien llamó a la puerta de nuestra casa cierta noche. Era más o menos la una de la madrugada. Fui a ver quién golpeaba y me encontré con una persona a quien conozco. Mientras ese hombre estaba parado a la puerta, pude observar que sus ojos miraban fijamente y que el rostro parecía un papel blanco del miedo que tenía.

Le invité a entrar y me dijo: "¡Usted tiene que ayudarme, hermano Epp! ¡Usted tiene que ayudarme!"

Entonces comenzó a desatar un torrente de palabras expresando los pensamientos más impuros que he oído desde que me convertí. Inmediatamente le pregunté: "Pero, hombre, ¿usted sabe lo que le está pasando? Satanás se ha posesionado de su mente."

El me contestó: "Ya lo sé."

Oramos juntos. Dios le dio la victoria. El hombre se sintió libertado. La fijeza desapareció de sus ojos. El color le volvió a la cara. Se levantó y me dijo: "Gracias, hermano Epp. Esto era lo que yo necesitaba."

Esa fue obra de Satanás. Concedo que se trató de un caso extremado. Muchas personas no llegan hasta ese punto, pero el hecho es que comienzan albergando pensamientos impuros en la mente, y Satanás consigue perturbarlos por completo.

Apenas hemos tocado el borde de los temas citados: preocupaciones, congojas, quejas, imaginaciones vanas, pensamientos impuros, enojo, críticas acerbas, sospechas, fanatismo, irritabilidad, espíritu de crítica, miedo, aflicciones, contenciones, impaciencia, sensitividad, orgullo, frustraciones, herejías, engreimiento, celos, etc.

El camino de la victoria

Pido indulgencia por repetir lo que dije al comenzar este estudio. En Cristo tenemos el Salvador que provee la victoria completa sobre Satanás y todas sus maquinaciones infernales. Tú puedes resistir al diablo y vencerlo cada vez que te ataca. Para conseguirlo tienes que reconocer que ya es un enemigo derrotado (Hebreos 2,14; Colosenses 2:15). Este punto es de suma importancia. Después tienes que reconocer el hecho de que Dios te ha transferido al reino de Cristo, según Colosenses 1:13: "Que nos ha librado de la potestad de las tinieblas, y trasladado al reino de su amado Hijo." Por estas razones y otras más, Satanás no puede tener dominio de ti contra tu voluntad.

En Efesios 6, que es un mensaje para el pueblo de Dios, se nos instruye a vestirnos de todas las piezas de la armadura de Dios. Hagámoslo. Reclamemos el poder de la Palabra de Dios. Atemos a Satanás diciéndole firmemente de frente y en el nombre de Jesús: "Yo estoy bajo la sangre de Cristo. Retírate."

EL ELEMENTO ESENCIAL ES LA FE. "Pelea la buena batalla de la fe" (1 Timoteo 6:12). Recuerda estos hechos: 1) Satanás ha sido subyugado. 2) Satanás es un enemigo derrotado. 3) Tenemos que resistirlo con este conocimiento. Luego, teniendo completa fe en la Palabra de Dios y en el poder del nombre de Cristo, permaneceremos victoriosos. Pero tenemos que creer estas cosas, o si no, Satanás obtendrá ventaja sobre nosotros debido a nuestra falta de fe.

Lector: No bajes la guardia. Vigila constantemente. Prepárate diariamente a resistir a Satanás alimentándote con la Palabra de Dios, y estando continuamente lleno del Espíritu Santo. Entonces Satanás no podrá tocarte de ninguna manera.